Handbuch für den Aufstieg

TONY STUBBS

HANDBUCH FÜR DEN AUFSTIEG

Material gechannelt von Serapis

Edition Sternenprinz

Aus dem Amerikanischen von
Hans-Jürgen Maurer und Hans Nietsch

Titel der Originalausgabe:
An Ascension Handbook
© 1990, 1994 by Tony Stubbs
All rights reserved

Deutsche Ausgabe:
© 1997 by Hans-Nietsch-Verlag
Alle Rechte vorbehalten

1. Auflage 10/97
2. Auflage 7/98
3. Auflage 3/99
4. Auflage 11/00
5. Auflage 04/02

Einband: Titusz Pan
Satz und Innengestaltung: Plejaden Publishing Service, Boltersen

Edition Sternenprinz im Hans-Nietsch-Verlag,
Poststr. 3, D-79098 Freiburg
sternenprinz@sternenprinz.de; info@nietsch.de

www.sternenprinz.de; www.nietsch.de

ISBN 3-929475-42-1

INHALT

Vorwort 7
Einführung von Serapis 11

Teil 1 Aufstieg: Was ist das? 15

1. Was ist Energie? 17
   Raum – Zeit – Bewegung
2. Die Natur der Materie 27
   Hologramme – Stehende Wellen – Energiefelder
3. Energiefelder 45
   Physische Felder – Emotionale Felder – Mentale
   Felder – Dein Verstand sitzt nicht im Gehirn –
   Das Chakrensystem
4. Die Herkunft der Spezies 58
   Karma – Das Gesetz der Gnade – Und was ist
   mit Darwin?
5. Göttlicher Ausdruck: Das Feld des Geistes 70
6. Drei große Mythen: Liebe, Wahrheit und Macht . . . 75
   Der Mythos der Liebe – Der Mythos der
   Wahrheit – Der Mythos der Macht – Scham –
   Loslassen auf der Zellebene – Kontrolle –
   Wahre Macht

Teil 2 Aufstieg: Wie geht das? 95

7. Das Aufbrechen alter Muster 99
   Das vereinigte Chakra – Ausklinken aus der
   Allgemeinheit
8. Ausrichtung auf den Geist 113
   Simultane Zeit
9. Einheit 123
   Das Einheits-Band – Anrufung der Einheit
10. Lebe dein ganzes Potential 134
11. Aufstieg 138
12. Leben nach dem Aufstieg 143
Schlußbemerkung 146

Anhang Ein Werkzeugkasten für den Aufstieg 147

1. Das Prinzip des Bittens 147
2. Segne und mache weiter! 147
3. Anrufung des Lichts 148
4. Anrufung des Wassers 148
5. Die violette Flamme 148
6. Spirituelle Hygiene 149
7. Erdung 149
8. Tönen 149
9. Anrufung des vereinigten Chakras 150
10. Schutz 152
11. Synchronisieren 153
12 „Geister jagen" 153
13. Channeln 155
14. Überbewußtheit 155
15. Die große Anrufung 155
16. Kommentar zur großen Anrufung 156

Über den Autor 159

VORWORT

Die erste Fassung dieses Buches schrieb ich innerhalb von drei Wochen im Januar 1989 nieder. Im Dezember 1988 wurde ich einer Energie in mir bewußt, die sich selbst Serapis nannte und die sagte, daß ihre Aufgabe sei, die intellektuelle Klarheit und Disziplin zu fördern, die für den Aufstieg benötigt wird.

So begann ein innerer Dialog mit Serapis, der Anfang Januar verkündete, er habe die Absicht, ein Buch mit mir zu schreiben. Das Thema sei Aufstieg. Rasch entwickelten wir eine Vorgehensweise für das Schreiben. Ich begann jede Sitzung damit, Serapis einzuladen, und fing dann einfach an zu schreiben. Oft spürte ich, wie Serapis mein Gedächtnis auslotete, um ein bestimmtes Konzept oder einen Ausdruck durchzubringen. Doch nachdem Serapis mir eine Idee eingegeben hatte, überließ er mir die Formulierung dieser Idee.

Damals war es mir nicht bewußt, doch heute weiß ich, daß meine Energie die von Serapis ist. Unsere Frequenzen sind sich so ähnlich, daß der Gedankenfluß nahtlos ist: Unser Bewußtsein verschmilzt miteinander. Das Ergebnis ist eine Kombination aus neuem Material von Serapis und Wissen, das ich selbst bereits hatte und von Serapis nur neu arrangiert wurde. Als ich begann, die Techniken in diesem Buch anzuwenden, wurde unsere Verbindung noch stärker.

Anfang Januar 1989 wurde ich aus erster Hand mit der Realität der nichtphysischen Welt bekannt und lernte, daß sie die Quelle von allem ist. Nachdem ich diese intensive innere Paradigmenverschiebung bewältigt

7

hatte, begann Serapis mit diesem Buch. Das Manuskript lag dann bis August 1991 in einer Schublade. Zu dieser Zeit spornte mich Serapis erneut an, es zu veröffentlichen. In den zweieinhalb Jahren zuvor war viel passiert – auf persönlicher und planetarischer Ebene –, und Serapis und ich beschlossen, den Text zu aktualisieren. Im Oktober 1991 machten der Planet und seine Bevölkerung nochmals eine intensive Veränderung durch, und das Buch blieb deshalb wieder bis März 1992 liegen. Viele Spielregeln hatten sich in dieser Zeit geändert, und momentan fühlt es sich so an, als müßten die Lichtarbeiter mehr geerdet sein. Das Gewicht scheint auch eher auf Ko-Kreation durch Gruppenarbeit zu liegen. In dieser neuen Realität scheinen wir weniger auf persönlichen Aufstieg als auf „Zusammen schaffen wir es" fokussiert zu sein.

Im Laufe der Jahre hat mir das Serapis-Material bewußtgemacht, daß die Ebene des GEISTES nicht getrennt von uns ist. Sie ist in uns, ein höherfrequenter Teil von uns. Sich auf diese Frequenz hinzubewegen ist leichter, als wir glauben. Wir sind nicht getrennt. GEIST ist nichts, was wir „besitzen". GEIST ist, was wir sind oder, wie manche Leute es ausdrücken: Wir sind etwas, das der GEIST hat. Ich hoffe, daß dieses Buch deutlich machen kann, daß wir nicht Menschen sind, die nach einer geistigen Erfahrung streben, sondern GEIST, der eine menschliche Erfahrung hat. Wir sind Teil einer viel größeren Wesenheit, so wie ein Angestellter Teil einer größeren Firma ist, und zwar ein Teil mit einer ganz bestimmten Funktion und Perspektive.

Nach vielen Jahren ist es mir gelungen, auf tiefer Ebene zu wissen, daß ich vom GEIST nicht getrennt bin, daß wir ein Kontinuum von Wesen bilden, in dem nur die Sichtweise unterschiedlich ist, und daß die Sichtweise aus einem physischen Körper heraus einzigartige Wahrnehmungen und Seinsmöglichkeiten erlaubt.

Für mich war diese Realisation ein Prozeß vieler Schritte. Durch Kontakt mit vielen nichtinkarnierten

Wesenheiten konnte ich eine intellektuelle Wertschätzung des nichtphysischen Universums um uns entwickeln. Doch es brauchte eine Reihe von Begebenheiten (nicht immer angenehmer Art), um mich emotional zu erwecken, damit ich das loslassen konnte, was in meinem physischen Körper auf Zellebene gespeichert war. Wie wir noch sehen werden, ist dies notwendig. Denn wenn wir mit unserem physischen Körper aufsteigen wollen, müssen wir seine Frequenz dem Lichtkörper angleichen. Einige von uns werden einen langsameren Weg wählen, andere wollen schneller vorankommen und wählen die etwas turbulentere Route. Wie auch immer dein Weg sein wird, wisse, daß du auf Schritt und Tritt geführt und beschützt wirst.

Dieses Buch lädt dich ein, deine Sichtweise der Beziehung zwischen dem Physischen, Emotionalen, Mentalen und dem GEIST zu erweitern. Wenn du liest, tue es mit einem offenen Herzen. Spüre die Energien hinter und in den Worten. Laß deinen Geist und Serapis dein Verstehen erwecken, während du liest. Später kannst du das Material aus einer intellektuellen Perspektive analysieren. Laß das Verstehen ohne mentale Beurteilung beim ersten Lesen in dich eindringen. Dieses Buch ist kurz genug, um mehrmals gelesen zu werden. Es ist nicht linear aufgebaut, denn Serapis geht ein Konzept gerne von mehreren Seiten an.

Erst eine Handvoll Menschen war im Weltraum und sah den Planeten Erde in seiner ganzen Gestalt. Der Rest von uns mag Schwierigkeiten haben, sich den Planeten im Weltraum kreisend vorzustellen, und deshalb einen Globus benutzen. Nun würde aber keiner das Modell mit dem Original verwechseln. Ähnlich ist es in der Metaphysik und speziell mit dem Aufstieg. Die Wahrheit ist so ungeheuer groß und unfaßbar, daß es ein Fehler wäre zu denken, daß wir sie von unserem gegenwärtigen Standpunkt aus begreifen könnten. So bekommen wir also Modelle, damit wir unser Verständnis nach und nach erweitern können. Dieses Buch ist solch ein Modell, ein kleines Flackern in der Dunkelheit. Doch zusammen mit anderen Lichtfunken wird es unseren Weg erhellen.

Ich erinnere mich an das erste Mal, als ich den Grand Canyon sah. Ich hatte mich vorher gut informiert. Hatte Statistiken gelesen, Landkarten studiert und Fotos angeschaut. Doch nichts hätte mich auf die Wirklichkeit vorbereiten können. Ich stand da in ehrfurchtsvoller Stille und Dankbarkeit für solche Schönheit auf unserem Planeten. Und ich habe so ein Gefühl, daß der Aufstieg eine ganz ähnliche Erfahrung sein wird.

Genieße dieses Buch. Seine Botschaft ist machtvoll, doch gleichzeitig auch leicht und voller Freude. Tritt also ins Licht und freue dich.

Tony Stubbs
Denver, Colorado

EINFÜHRUNG

Mein Name ist Serapis. Er wird gewöhnlich mit den Mysterienschulen des Altertums in Verbindung gebracht, doch meine Energie ist viel älter. In Atlantis wurde ich als der Gott Osiris verehrt, später als Thot und Hermes Trismegistos, aber ich bin auf diesem Planeten schon wesentlich länger aktiv.

Die Aktivitäten der Mysterienschulen wurden nicht öffentlich bekanntgemacht, so daß sich Legenden über die Lehren und Einweihungsriten bildeten. Diese Riten stellten die Eingeweihten auf eine harte Probe und sollten in der Öffentlichkeit Respekt und Ehrfurcht erzeugen. Hauptsächlich aber sollten diese schwierigen Prüfungen das Selbstbild der Neueingeweihten verändern. Sie glaubten, besondere seherische Fähigkeiten und Erkenntnisse zu besitzen, da sie die Prüfungen bestanden hatten. Und dieser Glaube machte natürlich den Erwerb von Fähigkeiten und Wissen solcher Art viel leichter. Die meisten Eingeweihten waren sich nicht bewußt, daß alle Menschen diese Fähigkeiten hatten und nur aus Unwissenheit nicht nutzten. Alle hätten aufsteigen können, doch nur die Eingeweihten glaubten, fähig dazu zu sein.

Dies bringt uns zu dir. Du siehst dich selbst vielleicht nicht als Eingeweihten einer modernen Mysterienschule, doch du bist einer. Das meiste, was den Eingeweihten früherer Zeiten gelehrt wurde, ist heute allgemein in Büchern, wie zum Beispiel diesem hier, nachzulesen. Auch Informationen, wie man seherische Fähigkeiten ausbildet, sind leicht zugänglich. Sollte dich dies überraschen, dann bedenke bitte, daß der Großteil der Bevölkerung damals aus Analphabeten bestand, die sich von – wie du heute sagen würdest – primitivem Aberglauben beherrschen ließen.

Gegenüber den Eingeweihten alter Mysterienschulen besitzt du einen weiteren Vorteil. In jenen Tagen war Aufstieg eine persönliche, individuelle Erfahrung. Heutzutage aber bereitet sich der gesamte Planet auf einen planetarischen Aufstieg vor. Viele Wesen, wie zum Beispiel ich, ebnen den Weg, damit du mit der Entwicklung des Planeten Schritt halten und die notwendigen Veränderungen in einer kurzen Zeit durchmachen kannst. Ich bin hier, um über Aufstieg zu sprechen: über deinen bevorstehenden Aufstieg und nicht über ein noch weit entferntes historisches Ereignis. Ich spreche über Veränderungen, die du bereits durchmachst und in den kommenden Jahren noch durchmachen wirst. In diesem Buch werden wir den persönlichen und planetarischen Aufstieg betrachten. Wir werden sehen, wie er dich beeinflußt und wie du den Prozeß für dich sanfter gestalten kannst. Dieses Buch ist ein Führer in dieses neue Gebiet und beschreibt, was du dort finden und wen du treffen wirst. Es stellt dir ein neues Vokabular vor, das die Kommunikation mit deinen Mitreisenden vereinfachen wird. Doch du mußt dir bewußt sein, daß deine eigene Reise einzigartig ist.

Ich benutze diesen bestimmten Kanal, da er meiner Energie entspricht und deshalb unsere Frequenzen gut zueinander passen. Darüber hinaus hat er eine umfassende technische Ausbildung. Obwohl dieses Buch überhaupt nicht technisch ist, benötige ich doch eine gewisse Präzision, um beschreiben zu können, wie Energie manipuliert wird. Jenseits der physischen Ebene sind die Energiegesetze anders. Doch es sind trotzdem Gesetze, und ich möchte wenigstens ein klares Gefühl davon vermitteln.

Verwende dieses Buch, um deinen Intellekt über den Prozeß des Aufstiegs zu informieren. Dein Geist-Selbst wird sicherstellen, daß auch die anderen Ebenen deines Seins die Botschaft erhalten, denn Aufstieg ist eine „gemeinschaftliche Anstrengung". Dein Körperbewußtsein und deine emotionale Energie sind fähig, direkt, ohne Umweg über die Sprache, zu erkennen. Sei versichert, daß auch sie die Botschaft wirklich erhalten werden.

Lies also bitte über den Prozeß, reflektiere darüber, besprich ihn. Aber glaube keinen Moment lang, daß du nur das geschriebene Wort erfassen wirst. Auf Geistebene habt ihr alle bereits mit mir in diesem ungeheuren Jetzt-Punkt gearbeitet, obgleich ihr es wohl eher als Aktivität in früheren Leben verstehen würdet. Wir kennen uns und besitzen schon seit sehr langer Zeit ein starkes Band des Vertrauens und der Liebe zueinander. Wenn du in diesem Buch weiterliest, dann sei dir bewußt, daß sich dadurch dein Leben verändern wird. Die Kenntnis seines Inhalts wird deinen persönlichen Aufstieg unvermeidlich machen.

Dieses Buch ist eine praktische Anleitung für einen Prozeß, der bereits im Gange ist. Es ist ein Buch über Metaphysik im reinen Wortsinn – über die Physik hinter der Physik – und beschreibt Experimente, die du im Schutz deiner eigenen Aura durchführen kannst. Achte darauf, daß dieses Buch nicht „*Das* Handbuch für den Aufstieg" heißt. Es ist nur eines der vielen Bücher über Aufstieg, die am gegenwärtigen Punkt des Prozesses erscheinen. Dieses Buch ist in zwei Teile gegliedert. Der erste Teil schafft die Grundlage und stellt dir Energiefelder vor. Die Ausführungen sind so abgefaßt, daß kein Fachwissen nötig ist, um sie zu verstehen. Wir betrachten auch kurz die Umstände, die zur momentanen Situation auf dem Planeten geführt haben. Der zweite Teil beschreibt die Praxis: Du erfährst, was du tun kannst, um deinen persönlichen Aufstieg, und dadurch den planetarischen Aufstieg, zu beschleunigen. Da der Planet ein großes Energiefeld ist, macht jeder Schritt, den du in Richtung persönlichen Aufstieg tust, es nicht nur dir leichter, sondern auch jedem anderen Menschen. Du bist also ein Führer durch Beispiel.

Wir wissen, daß du mit metaphysischen Büchern geradezu bombardiert worden bist, seitdem es die Druckerpresse gibt. Doch niemals zuvor war diese Art Buch so wichtig. Planetarischer Aufstieg ist eine Tatsache, an der nicht zu rütteln ist. Ein Zeitrahmen wurde festgelegt, und er läßt nicht viel Zeit für Diskussionen. Bitte behandle dies also mit derselben Dringlichkeit, wie wir auf der nichtphysischen Ebene es tun. Als Lichtarbeiter hast du dich auf diesen Prozeß seit deiner ersten Inkarnation auf diesem Planeten vorbereitet. Unsere Aufgabe ist es, dir Anleitung für den letzten großen Schritt zu geben: deinen persönlichen Aufstieg.

Aber so stark wir dich auch schubsen, ein bewußtes Ziehen von deiner Seite ist auch nötig. Teile dieses Material mit deinen Freunden, bildet Gruppen, um mit den Übungen zu experimentieren, sprecht über Aufstieg zu jedem, der zuhört (oder auch nicht). Es ist wichtig, daß jedermann weiß, was im Gange ist. Ansonsten sehen wir uns einer Massenhysterie gegenüber. Ihr seid dabei, kollektiv in die herrliche Endphase eines herrlichen Experiments einzutreten. Die Bühne ist bereit. Das gesamte Universum ist schon in Wartestellung. Spielt also eure Rolle mit Freude.

Ich bin Serapis

TEIL 1

AUFSTIEG: WAS IST DAS?

Aufstieg bezeichnet in erster Linie eine Frequenzveränderung und eine Verlagerung des Bewußtseins. Dieses Buch betrachtet Energie als den „Stoff", der allem zugrunde liegt. Diese Energie organisiert und verbindet sich in unbeschreiblich komplexer Weise, um dich und alles, was du kennst und nicht kennst, zu formen. Die beiden Haupteigenschaften der Energie sind ihre Amplitude und ihre Frequenz, das heißt die Geschwindigkeit, mit der sie schwingt.

Dein physischer Körper, deine Emotionen, Gedanken und dein Geist bestehen alle aus diesem Stoff und sind auf eine Art zusammengefügt, die dich zu etwas Einzigartigem im Universum macht. Da die Energie, die du bist, eine bestimmte Frequenz besitzt, kannst du sie verändern. Das ist der Aufstieg. Durch die Erhöhung der niedrigsten Energiefrequenz verliert der Körper an Dichte und nimmt Energien immer höherer Frequenz in sich auf. Dies führt dazu, daß du Dinge sehen und denken wirst, die jetzt außerhalb deiner Wahrnehmung liegen. Du wirst buchstäblich zu einem Wesen der fünften Dimension, das in der fünften Dimension agiert und mit anderen Wesen der fünften Dimension zusammenarbeitet. Muster niedriger Schwingung, wie zum Beispiel Angst und Begrenzung, werden einfach wegfallen, und du wirst in einem Zustand leben, den du heute als Ekstase bezeichnen würdest. Du wirst eins mit deinem Geist und dem Geist von allen anderen. Das ist Aufstieg.

Wir müssen noch einen weiteren Begriff definieren. Wir werden sehen, daß die Bezeichnungen „dein Geist"

„mein Geist", „sein Geist", „ihr Geist" usw. in Wirklichkeit linear, einschränkend und einfach falsch sind. Sobald du die niedrigsten Stufen der Trennung auf physischer Ebene verläßt, gibt es nur noch GEIST – eine sich stets wandelnde Energieform, die Gott, Alles-was-ist, die Quelle, der große Geist usw. genannt wird. Ich verwende das groß geschriebene Wort GEIST in Fällen, in denen Trennung unnötig ist. Ansonsten verwende ich „Geist-Selbst". Mit diesem Begriff bezeichne ich einen individualisierten Teil des GEISTES, der mit dir in dieser Inkarnation und mit all deinen anderen Inkarnationen über die Zeit hinweg sowie mit den höherschwingenden und nichtkörperlichen Ebenen deines Wesens verbunden ist. Aber dies ist nur ein Kompromiß. Ich verwende diesen Begriff lediglich zur besseren Akzentuierung; in Wirklichkeit gibt es nur GEIST.

GEIST individualisiert sich scheinbar, um eine besondere Funktion auszuüben, zum Beispiel du zu sein. GEIST arbeitet durch den leuchtenden Brennpunkt deines Bewußtseins, der in deinem physischen Körper zentriert ist. Dies ist dein Du, das sich als „Ich", als Persönlichkeit wahrnimmt. Dieses „Ich" bezeichne ich als „Ego-Selbst". Du (das Ego-Selbst) bist eine Manifestation von dir selbst (dem „Geist-Selbst"), aber die besondere Eigenart des Ego-Selbst ist, daß es nicht weiß, daß es GEIST ist – bis jetzt jedenfalls.

Der Begriff „Ego-Selbst" soll dich keinesfalls abwerten, sondern dir bewußtmachen, wer du wirklich bist: nicht das nach außen gerichtete Ego, sondern der nach innen schauende Konzentrationspunkt innerhalb deines Geist-Selbst, das wiederum deine GEIST-Funktion ist. Mit anderen Worten: Du bist handelnder GEIST.

1

WAS IST ENERGIE?

Jeder Mensch besitzt mehrere Körper. Mit einem von
ihnen bist du gut vertraut: dem physischen Körper.
Weniger vertraut bist du mit dem emotionalen, mentalen und spirituellen Körper. All diese Körper bestehen aus Energie, doch diese Energie gehört nicht zu
dem bekannten elektromagnetischen Spektrum, dem
zum Beispiel Licht, Radiowellen und Röntgenstrahlen
angehören. Ich spreche von der Energie, die jenseits
dieser bekannten Energieformen und jenseits dessen
liegt, was du Materie nennst. Da die Wissenschaft Instrumente benutzt, die aus Materie bestehen, ist es ihr
unmöglich, diese Energie nachzuweisen.

Diese höherfrequente Energie ist die Energie der
Quelle. Es ist die Energie, aus der dreidimensionale Energie, wie zum Beispiel Licht, geformt ist, aber alle Energieformen stellen ein Kontinuum dar.

Der Einfachheit halber können wir uns Energie als
eine unermeßlich große Anzahl von „Einheiten" vorstellen, wobei jede Einheit auf ganz eigene Weise Bewußtsein besitzt. Diese Energieeinheiten nehmen freiwillig an Bewußtseinsstrukturen höherer Ordnung teil,
zu denen beispielsweise ich oder die Zellen deines Körpers gehören. Energie formt dich und mich; wir sind
aus ihr gemacht. Ihre Bewußtheit bildet die Grundlage
unserer eigenen Bewußtheit. Im Gegenzug werden diese Energieeinheiten auf die Weise organisiert, wie wir
uns selbst empfinden. Dadurch erhalten sie eine psy-
chologische Struktur, in der sie sich ausdrücken können.

Das Universum ist so aufgebaut, daß es Energieformen wie zum Beispiel mir erlaubt, eine Funktion zu erfüllen. Namen, die wir gebrauchen, beziehen sich nur auf die Funktionen, die wir gerade ausüben, wenn wir mit euch kommunizieren, und nicht etwa auf eine Identität innerhalb des GEISTES. Namen werden nur für die Kommunikation mit eurem bewußten Verstand und für seine Bequemlichkeit verwendet. Obwohl ich mir selbst als reiner GEIST-Energie bewußt bin, betrachte ich mich nicht als Inhaber einer Identität. Ich habe nur eine Funktion, die ich ausführe. Ich bin die Energie, aus der die Form gebildet ist, die momentan „Serapis-Funktion" genannt wird, doch diese Energie verlagert und verwandelt sich ständig.

Um diese Erklärung besser verstehen zu können, stelle dir vor, daß Energie in Oktaven aufgeteilt ist. Laß uns annehmen, daß die höchste Oktave die Quelle repräsentiert und die niedrigste Oktave die physische Ebene. Ich und andere Ebenen deines Wesens existieren in diesen Oktaven und führen unsere Funktion in ihnen aus. Stelle dir die Oktaven wie verschiedene Ultrakurzwellenbänder im Radio vor. Jedes Wesen (wie zum Beispiel ich) ist ein bestimmter Sender. Jedes Band trägt bestimmte Frequenzen, und jeder von uns arbeitet auf jedem Band. Man besetzt sozusagen die gleiche relative Position auf der Skala jedes Bandes und nimmt dabei an Frequenz zu.

Wenn wir die Analogie eines Klaviers benutzen, ist jeder die gleiche Note in den verschiedenen Oktaven. Wenn deine individuelle Note in allen Oktaven gleichzeitig angeschlagen würde, wäre das Resultat die Gesamtheit deines Wesens – ein sehr schöner Klang.

Diese Analogien kommen allerdings den wahren Zusammenhängen nicht einmal nahe. Es gibt viele Oktaven und eine unendliche Anzahl von Noten. Außerdem verbindest du dich auf verschiedenen Ebenen ständig mit anderen Energien, um bestimmte Funktionen auszuführen.

Es ist nicht nur so, daß mein Wesen aus Energie zusammengesetzt ist, sondern alles, was ich mir vorstelle, wird durch weitere Organisation von Energieeinheiten manifestiert. Immer, wenn ich etwas erschaffe – angefangen von einem Atom bis hin zu einer Galaxie –, projiziere ich zuerst ein dem Raum analoges Empfangsfeld. In dieses Feld übertrage ich dann Energie, die entsprechend meiner Absicht oder meiner Gedankenformen organisiert ist.

Der einzige Weg, etwas zu erschaffen, besteht darin, die unendlich vorhandenen Energieeinheiten auf der Basis der Absicht zu organisieren. Das Wesen also, das ich als mich selbst kenne, sowie all das, was ich erschaffe oder zerstöre, ist aus Energie zusammengesetzt. Um es noch einmal deutlich zu sagen: Diese Energie ist nicht Hitze oder Licht, wie du sie auf der physischen Ebene kennst. Es handelt sich um eine subtilere Energie, die mit der Energie deiner Gedanken vergleichbar ist.

Dies wirft viele interessante Fragen über die Dimensionen von Energie auf, wie zum Beispiel über die Natur von Raum und Zeit.

Raum

Ich sagte bereits, daß ich ein dem Raum analoges Empfangsfeld projiziere, in das ich Energieeinheiten übertrage, die meiner Absicht entsprechen. Dieser Raum ist von einer höheren Ordnung als physischer Raum und wäre für deine Begriffe überhaupt kein Raum. Und doch ist er für mich genauso real, wie die Abmessungen eines Zimmers für dich real sind. Ich projiziere oder stelle mir diesen Raum vor, so wie andere mir ähnliche Wesen den dreidimensionalen Raum projizieren, in dem du lebst. Du hast vielleicht schon einmal gehört, daß physischer Raum nichts anderes ist als eine materialisierte Gedankenform oder Vorstellung. Dies wirft die Frage auf: „Wer denkt?" Sei beruhigt und wisse, daß es ungeheure Wesenheiten sind, die deinen dreidimensionalen Raum „erdenken" und ihn mit einer Klarheit und Konzentrationskraft erhalten, die unbeschreiblich sind. Für viele unter euch gilt, daß bestimmte Ebenen eures Wesens auch daran mitarbeiten.

Der Raum, den wir erdenken, besitzt eine Empfänglichkeit und Nützlichkeit für Energie, so wie etwa eine Straße nützlicher für ein Fahrzeug ist als der Boden, auf dem sie gebaut ist, oder wie etwa ein Kabel nützlicher für Elektrizität ist als Luft. Raum ist also ein Feld, das geschaffen wird, um Energie zu leiten. Auf den höheren Ebenen erschaffen wir unseren eigenen Raum; auf der physischen Ebene erschaffen bestimmte Teile deines Wesens den physischen Raum, in dem du lebst. Es ist gleichzeitig ein vereinheitlichendes und trennendes Feld: vereinheitlichend, da es allem, was wir in es hineinprojizieren, erlaubt zu interagieren, und trennend, da es so organisiert ist, daß sich die Einstrahlungen nicht überschneiden. Stelle dir vor, wie du zwei Objekte, zum Beispiel zwei Buchstützen, nebeneinanderstellst. Sie gehen nicht ineinander auf, da die Art von Feld, die wir projizieren, die Felder der Buchstützen getrennt hält.

Zeit

Aus meiner Perspektive und aus der Perspektive bestimmter Ebenen deines Wesens existiert Zeit, wie du sie wahrnimmst, überhaupt nicht. Ich und diese Ebenen deines Wesens haben gleichzeitig an der Gegenwart, der Vergangenheit und der Zukunft dieses Planeten teil. Ich bin mir der Inkarnationen von Teilen meiner Energie an verschiedenen Punkten der Geschichte der Erde mit der gleichen Vertrautheit bewußt, wie du dir der Inkarnation bewußt bist, in der du dich als du kennst. Dies ist möglich, da ich nicht durch ein linear arbeitendes Gehirn begrenzt bin, sondern direktes Erkennen benutze. Und darin liegt ein großer Unterschied.

Das physische Gehirn arbeitet sequentiell (in einer Reihenfolge) in endlicher Zeit und dient der Verarbeitung von Sinneseindrücken. Ohne die absolut ehrfurchtgebietende Struktur des Gehirns in Abrede stellen

20

zu wollen, ist es doch so, daß das Gehirn und das Nervensystem langsam sind. Dein Finger schmerzt, also nimmst du ihn von der Herdplatte oder läßt den heißen Topf fallen. Zwischen dem ersten Kontakt und dem Loslassen kann bis zu einer Sekunde vergehen. Komplexe Projekte, wie zum Beispiel das Entwerfen eines neuen Hauses oder eines Computersystems, können Monate oder Jahre dauern. Dies liegt an der Zeit, die das Gehirn braucht, um Gedanken zu verarbeiten.

Einige Projekte sind so umfangreich, daß sie nicht in der Lebensspanne eines Teilnehmers abgeschlossen werden können. So entstand das Konzept der Geschichte. Jemand, der heute geboren wird, muß darüber informiert werden, was bisher auf dem Planeten passiert ist. Zumindest muß er über bestimmte Ereignisse informiert werden. Einige Menschen verbringen ihr ganzes Leben damit, aufzuzeichnen, was passiert, und anderen davon zu berichten. Und das alles nur, weil die Synapsen des physischen Gehirns Millisekunden brauchen, um zu reagieren.

Die nichtphysischen Ebenen deines Wesens haben diese Beschränkung nicht. Durch direktes Erkennen der Energie eines Ereignisses kann ich in jeden Punkt, den du für Vergangenheit oder Zukunft deines Planeten hältst, mit gleicher Leichtigkeit eintreten.

Ich schlage vor, daß du versuchst, dir vorzustellen, wie sich dies anfühlt. Stell dir vor, du seist ein höherfrequenter Aspekt deines eigenen Bewußtseins und schaust auf verschiedene Menschen herunter, die unterschiedlichen geschichtlichen Perioden angehören. Durch einfache Absicht kannst du mit irgendeiner dieser Personen verschmelzen, oder auch mit allen gleichzeitig. Du kannst zu der Person werden und jede Facette ihrer Gedanken und Gefühle erkennen, denn du bist sie. Du bist vielleicht eine atlantische Kristallexpertin, ein römischer Soldat, ein Bauer im Mittelalter und natürlich das Selbst, das du heute kennst. Versuche es. Mach dir eine Vorstellung davon, wie jede dieser Personen Zeit wahrnimmt, wie du selbst Zeit wahrnimmst und wie ihr interagiert.

Nun, all dies war von Anfang an genau so geplant. Trotzdem hätte es nicht so sein müssen. Andere Spezies in anderen Realitätssystemen machen es ganz anders. Deine Spezies hat auf einer hohen geistigen Ebene die kollektive Entscheidung getroffen, buchstäblich die Wahrnehmung des Verstreichens der Zeit zu erschaffen, um dadurch bestimmte Lernwerkzeuge zu erhalten. Eins davon, Karma – das Gesetz des Gleichgewichts –, basiert auf dem Konzept, daß Person X das Leben der Person Y in irgendeiner Form beeinflußt und daß der Effekt dieser Beeinflussung erwidert werden muß. Deshalb muß Person Y das Leben der Person X auf gleiche oder ähnliche Art beeinflussen, damit ein energetisches Gleichgewicht herrscht. Dies ist nun stark vereinfacht dargestellt, und es gibt viele Ausnahmen von dieser Regel. Doch aus der Perspektive von X und Y auf der physischen Ebene handelt X zuerst, und Y erwidert die Handlung. Um zu vermeiden, daß alles zur gleichen Zeit passiert, war ein Rahmen nötig. Sonst wäre es X und Y nicht möglich, Ursache und Wirkung auseinanderzuhalten. Und dieser Rahmen ist die *Wahrnehmung* der Zeit. Um nun diese lineare Wahrnehmung der Zeit übernehmen zu können, mußte nichts Neues erschaffen werden. Es war nur nötig, die Fähigkeit abzulegen, simultane Zeit erfahren zu können. Das Gehirn, das sich die Spezies für den menschlichen Körper ausgesucht hat, hat diese Beschränkung perfekt eingebaut. Natürlich geschehen die Handlungen von X und Y von höherer Warte aus gesehen gleichzeitig, und ihr Austausch wird durch ihre nichtphysischen Ebenen choreographiert.

Ich bin auf das Thema simultane Zeit eingegangen, da es erklärt, warum die Energie, die für Schöpfung zur Verfügung steht, unbegrenzt ist. Eine einzige Energieeinheit kann ganz leicht an zahllosen Punkten des physischen Zeitverlaufs gleichzeitig involviert sein. Dazu ist nur eine Absicht nötig. Energieeinheiten könnten gleichzeitig die atlantische Kristallexpertin, das Schwert des Römers und die Hacke des Bauern bilden und würden in ihrer verspielten Art diese Ironie sehr genießen.

Ich spreche von deiner Wahrnehmung der Zeit und nicht von ihrer willkürlichen Gliederung in Stunden, Minuten und Sekunden. Diese Zeiteinheiten entsprechen nur den Markierungen auf deinem Zollstock und haben wenig mit der eigentlichen Wahrnehmung der Zeit zu tun. Dir kommt die Zeit auf der Uhr, die, wie es scheint, auf der Bewegung der Erde um die Sonne basiert, sehr real vor. Es gibt aber keinen wirklichen Grund, warum du deine Aktivitäten nach Helligkeit und Dunkelheit organisieren müßtest. Es ist einfach nur bequem. Und es ist auch bequem, daß der Planet um die Sonne rotiert und zentripetale und zentrifugale Kräfte im Gleichgewicht hält. Mit Wahrnehmung der Zeit meine ich, wie du Dauer fühlst und wie du ein Ereignis nach dem anderen wahrnimmst.

Wenn du alle Begebenheiten gleichzeitig erfahren könntest, würde die Zeit keine sinnliche Störung oder Begrenzung für dich darstellen. Stell dir einen großen Wandteppich vor, der aus vertikalen und horizontalen Fäden gewebt ist. Jeder vertikale Faden ist ein wahrgenommener Jetzt-Punkt, und die horizontalen Fäden repräsentieren den Raum. Die farbigen diagonalen Fäden bilden das Muster auf dem Teppich, das die Ereignisse deines Lebens darstellt, wie sie in Raum und Zeit geschehen. Nun stell dir ein kleines Insekt vor, das über diesen Teppich kriecht. Wenn es horizontal kriecht, erfährt es die Abfolge der Jetzt-Punkte, ist aber an einen Ort gebunden. Irgendwann stolpert es dann über einen bunten Faden und nimmt einen kleinen Bereich deines Lebens wahr. Wenn das Insekt vertikal den Teppich hochläuft, bewegt es sich durch den Raum, bleibt aber an einen bestimmten Jetzt-Punkt gebunden. Nun erfährt es alles, was im Raum geschieht, aber es spielt sich in diesem einen Moment ab. Das Insekt sieht „Schnappschüsse" von den Ereignissen, die auf dem Planeten in einem Moment geschehen. Und wenn unser Insekt klug wird, folgt es natürlich einem der Millionen farbigen Fäden und erfährt so das Leben einer Person.

23

Von dem vorteilhaften Punkt „draußen" könntest du den ganzen Wandteppich sehen: Zeit, Raum und die Muster der menschlichen Leben. Du könntest nach Belieben in jeden Punkt eintreten und so an einem Leben teilhaben. Aber du wärst zu beschäftigt, denn du würdest erkennen, daß es Millionen solcher Teppiche gibt, die sich bis in die Ewigkeit ausdehnen, und daß die farbigen Fäden von Teppich zu Teppich verlaufen und drei Dimensionen einweben – die parallelen Universen, von denen wir schon gehört haben. Und noch mehr: Du kannst blasse Geisterteppiche sehen, die über den physischen Versionen schimmern – die Teppiche der oberen Ebenen. Und nun: Wirst auch du von jemandem beobachtet, so wie du das Insekt beobachtet hast, als es kopfüber und eifrig einem kleinen Faden folgend den Teppich ablief?

Bewegung

Die beiden Komponenten Raum und Zeit führen zu einer dritten Komponente: Bewegung. Sich auf der physischen Ebene zwischen zwei Punkten zu bewegen kostet Zeit. Früher hat es Monate gedauert, um von der amerikanischen Ostküste zur Westküste zu gelangen. Heute dauert es nur noch sechs Stunden. In der physischen Ebene gibt es das theoretische Limit der Lichtgeschwindigkeit. Mit ihr könntest du Amerika in einer sechzigstel Sekunde überqueren. Doch Bewegung ist ausschließlich ein Phänomen der physischen Ebene und geschieht auf den höheren Ebenen nicht auf dieselbe Art. Raum ist ein erschaffenes Feld, und verschiedene Punkte in diesem Feld sind nicht wirklich voneinander getrennt. Alles existiert übereinander. Es verwirrt eure Wissenschaftler, wie zwei Elektronen an verschiedenen Orten ohne Zeitverzögerung miteinander zu kommunizieren scheinen. Der Grund dafür ist, daß sich die bewußte Energie, die sich als subatomare Partikel manifestiert, keineswegs „im Raum" befindet. Die Energie existiert im strahlenden Eins-Punkt, das heißt in dem Bewußtsein von Allem-was-ist, und projiziert Bilder, die subatomare Partikel zu sein scheinen. Da beide Elektronen aus demselben Eins-Punkt projiziert werden, überrascht es nicht, daß beide wissen, was das andere gerade tut.

Zeit ist einfach die empfundene Dauer, die benötigt wird, um sich zwischen zwei Punkten zu bewegen. Dies gilt jedoch nur auf der physischen Ebene, da in Wirklichkeit alle Punkte gleichzeitig koexistieren. Da Zeit jenseits der physischen Ebene nicht existiert, könntest du, wenn du ein Elektron (das heißt GEIST, der als Elektron fungiert) wärst, dich gleichzeitig nach Punkt A und Punkt B projizieren, und das Konzept einer Bewegung zwischen Punkt A und Punkt B hätte dann keine Bedeutung.

Ich hoffe, daß ich verständlich machen konnte, daß die Grundlagen der physischen Ebene (Raum, Zeit, Bewegung) nur willkürliche lokale Gesetze sind, die sich nur auf die Frequenzen der physischen Ebene anwenden lassen, und daß es nur deine Sinne sind, die ihre Wahrnehmung erschaffen. Raum und Zeit zu spüren, sind Funktionen des Intellekts. Sie wurden in euer Gehirn eingebaut, um die menschliche Spezies auf diesem Planeten zu unterstützen. Sie ermöglichen Lernerfahrungen, genau wie in euren Schulen die Schüler vereinbaren, zu einer bestimmten Zeit in einem Zimmer zusammenzukommen, um sich über ein Thema unterrichten zu lassen.

Auf genau die gleiche Art müssen sich alle Mitglieder der Spezies auf der physischen Ebene über bestimmte Dinge einig sein, damit die „Feld-Reise" zum Planeten Erde sinnvoll sein kann. Ich verwende den Begriff „Feld-Reise" mit Bedacht. Es ist wichtig, daß du deine Wahrnehmung ausdehnst und dir selbst als ungeheures Wesen bewußt wirst, das in dieser Ecke des Universums nur zu Besuch ist und kleine Ausflüge in physische Inkarnationen macht – jedesmal mit einem anderen Körper und einer anderen Persönlichkeit, um die Sache interessanter zu gestalten. Die Ausflüge können angenehm oder – wenn du vergißt, wer du wirklich bist – unangenehm sein. Doch auf jeden Fall lernst du bei jedem Ausflug eine ganze Menge.

Im nächsten Kapitel dringen wir tiefer in das Wesen der Materie als stehender Welle ein, um die fließende Natur dessen zu demonstrieren, was du wie selbstverständlich als „fest" erachtest.

2

DIE NATUR DER MATERIE

Bisher habe ich die physische Ebene von den höheren Dimensionen unterschieden. In gewissem Sinne gibt es aber keinen Unterschied, denn alle Dimensionen bestehen aus demselben Stoff, genau wie alle sieben Oktaven auf einem Klavier Klang erzeugen. Der einzige Unterschied zwischen den Tönen auf dem Klavier liegt in ihrer Tonhöhe oder Frequenz. In einem Klavier wiederholt sich eine Oktave siebenmal. Die individuellen Noten sind nichts weiter als höhere Harmonien der Noten in den niedrigeren Oktaven.

In einem anderen Sinn gibt es aber doch einen großen Unterschied: in der Gewahrsamkeit. Stelle dir vor, du hättest einen Gehörschaden und könntest nur die unterste Oktave wahrnehmen. Die niedrigen Töne wären sehr natürlich für dich. Doch wenn der Pianist seine Hände nach rechts bewegte, könntest du nur die Bewegung sehen, aber nichts hören. Du wärst verwirrt, Leute über Töne reden zu hören, die du nicht gehört hast. Dann würdest du vielleicht wütend werden und ihnen vorwerfen, alles nur zu erfinden. Vielleicht würdest du sie auch für verrückt erklären oder mit den Achseln zucken und sagen: „Das verstehe ich nicht." Vielleicht würdest du dich auch benachteiligt fühlen, wenn du hörtest, wie die anderen voller Begeisterung über die Mondschein-Sonate sprechen. Wie würdest du reagieren, wenn dir jemand sagte, daß du mit ein wenig Übung auch die höchsten Töne hören könntest?

Die Klaviatur eines Klaviers ist eine sehr nützliche Analogie. Die fünf physischen Sinne sind so angelegt, daß sie nur bestimmte Oktaven des dich umgebenden Universums wahrnehmen können. Sie können die niedrigeren Oktaven entdecken, nicht aber die höheren. Du besitzt andere Sinne, die zur Wahrnehmung der höheren Oktaven des Universums gedacht sind, doch diese schlafen in den meisten Menschen. Diese Sinne arbeiten zwar permanent mit hochfrequenter Energie, doch dein Gehirn blendet diese Aktivität aus. Und dies geschieht mit Absicht. Würdest du mit all dem Input bombardiert werden, der in jedem einzelnen Moment verfügbar ist, wäre es dir nicht möglich, deinen strahlenden Fokus auf der physischen Ebene zu halten. Stell dir vor, wie du diesen Text in diesem Moment liest und gleichzeitig wüßtest, welche wahrscheinlichen Resultate für dich, deine Freunde und deine Familie daraus entstehen können. Darüber hinaus wärst du dir gleichzeitig aller Gefühle und Gedanken der Menschen in deiner Umgebung bewußt und könntest sehen, wie diese Gedanken und Gefühle mit den anderen Inkarnationen dieser Menschen in Verbindung stehen. Selbst wenn nichtphysischer Input in deinen bewußten Verstand eindringt und dich zwingt, es zu bemerken, bist du kulturell so geprägt, daß du eine andere Erklärung dafür findest.

Was du als physische Materie ansiehst, ist nichts weiter als Energie einer unteren Oktave, die in einem besonderen, extra dafür geschaffenen Feld schwingt. Es gibt viele Oktaven über dieser Oktave, in denen andere Ebenen deines Wesens existieren – voll funktionstüchtig, lebendig, bewußt und zu allerhand fähig.

Es ist sehr einfach, mit diesen anderen Ebenen deines Wesens bewußt in Kontakt zu treten, und du tust es auch dauernd. Zum Beispiel, wenn dir plötzlich ein Gedanke in den Sinn kommt oder wenn du dich auf einmal ohne besonderen Grund glücklich fühlst. Und natürlich ist Träumen nichts anderes, als daß diese anderen Ebenen deines Wesens am Arbeiten (oder Spielen) sind. Doch mit Träumen meine ich nicht die paar verstreuten chaotischen Symbole, an die du dich nach dem Aufwachen erinnern kannst. Was ich meine, ist die umfassende Erschaffung und Handhabung deiner Realität, die du jede Nacht auf anderen Ebenen deines Wesens vornimmst. Deine Erinnerung ans Träumen ist wie der Blick in ein Haus, in dem ein großes Durcheinander herrscht, und dich zu fragen, ob die Party wohl gut war. Den ganzen Spaß hast du versäumt, und alles, was dir bleibt, ist die Unordnung.

Wie entsteht aus dieser Energie der niederen Oktaven also physische Materie? Die Wesen, die physische Inkarnationen erschaffen, formen aus Einheiten bewußter Energie bestimmte Muster in einem bestimmten Frequenzband, das eigens für diesen Zweck erstellt wurde. Aus diesen Mustern bestehen alle Dinge, die scheinbar fest sind.

Jetzt kommen wir aber zum wahren Wunder der physischen Ebene: die Art, wie diese bewußten Energieeinheiten aus der nächsthöheren Ebene herunter in die physische Ebene durchbrechen, um dort die grundlegenden elektromagnetischen Einheiten zu bilden, die du als subatomare Partikel kennst – jene Bausteine, die Elektronen, Protonen und Neutronen genannt werden. Eure Wissenschaftler stehen kurz davor, diesen Prozeß zu entdecken, und einige Wissenschaftler, die über eine gute Vorstellungsgabe verfügen, besitzen bereits ein intuitives Verständnis davon.

Diese Bausteine aus bewußter Energie arbeiten wiederum daran, Atome eines bestimmten Elements, wie zum Beispiel Kohlenstoff, Wasserstoff, Sauerstoff, Stickstoff usw., zu bilden. Ein Atom scheint ein sehr einfaches Gebilde zu sein – Elektronen, die um einen zentralen Nukleus rotieren. In gewisser Hinsicht stimmt dies auch. Doch andererseits ist ein Atom auch das komplexeste Ding auf der physischen Ebene. Die Geometrie und Algebra, die in die Gestaltung eines Atoms auf der physischen Ebene eingeflossen sind, würden eure größten Computer für Jahrhunderte beschäftigen. Materie ist nicht einfach entstanden. Alles wurde sorgfältig geplant, und bevor wir mit dieser

Schöpfung weitermachen konnten, mußten wir herausfinden, wie sich Materie unter allen Bedingungen verhält.

Glaube für keinen Moment, daß das Bewußtsein, das ein Elektron projiziert, klein ist. Das Elektron ist kein kleines Partikel, sondern ein „Möglichkeits-Feld". Es ist ein Teil des Raums, in dem Bewußtsein existiert, doch in solch subtiler Weise, daß Wissenschaftler sich nicht sicher sind, ob das Elektron überhaupt existiert. Dieses Bewußtsein kann in zahllosen Feldern in unzähligen Universen gleichzeitig arbeiten.

Atome können frei bleiben oder sich miteinander verbinden und Moleküle bilden. Moleküle verbinden sich, um die Form zu bilden, die von den Energieeinheiten und der organisierenden Wesenheit selbst vorgegeben wird. Bestimmte Wesenheiten übernehmen die Verantwortung für das Leiten der Energie in die Form von Atomen oder Molekülen, gemäß eines Plans für einen Kristall oder Felsen, für eine Zelle in einem Pflanzensamen oder für einen Baum usw. Diese Liste ist natürlich endlos, doch die Muster selbst sind eher wie Computer. Sie sind gleichzeitig lebendige Programme und Datenbanken und können ungeheure Mengen an Information speichern. Die DNS-Struktur im Kern jeder einzelnen Körperzelle ist solch eine Datenbank, die deine Geschichte, die Geschichte deiner Ko-Inkarnationen sowie die Geschichte der gesamten Spezies enthält.

Ein Baum wächst zum Beispiel unter der Aufsicht eines Energiewesens – nenne es Baum-Geist, wenn du willst –, das die Blaupause des Baumes in sich trägt und Energieeinheiten danach organisiert. Sobald diese Organisation abgeschlossen ist, „erinnert" sich die Energie an ihre Funktion und kann fortan die subatomaren Partikel (die in noch größere Muster eingebettet sind) aufrechterhalten. Wenn du den Baum anschaust, siehst du wirklich reine Energie, die von einem bewußten Wesen als eine bestimmte Form organisiert wurde. Dein Gehirn entschlüsselt dieses visuelle Energiemuster aus Gewohnheit als „Baum". Wenn du den Baum berührst, sind deine Hand und der Baum zwei sich berührende Energiefelder. Doch dein Nervensystem stellt alle Informationen zusammen und entschlüsselt die Berührung als Stimulation des Tastsinns. Dein Gehirn nimmt nun alle verfügbaren Daten, um daraus die Konstruktion zu bilden, die du als Baum kennst.

Wenn nun ein Schreiner vorbeikommt, den Baum fällt und aus dem Holz einen Stuhl baut, verändert er die Form des größten Feldes. Doch die bewußten Energieeinheiten, die das Holz bilden, „erinnern" sich auch an ihre neuen Muster und halten sie so lange aufrecht, bis der Stuhl vielleicht verbrennt. Dann bildet die bewußte Energie der Zellulose-Moleküle die neuen Muster von Kohlenstoff-, Sauerstoff- und Stickstoffatomen.

Der Raum in und zwischen diesen Atomen ist riesig: Wenn ein Atom die Größe eines Fußballstadions besäße, hätte der Kern die Größe eines Fußballs in der Mitte des Platzes. Der erste Ring Elektronen wäre etwa entlang der ersten Sitzreihe, und jeder weitere Elektronenring wäre fünfzig Sitzreihen entfernt. Das nächste Atom ist vielleicht so weit weg wie die nächste Stadt.

Wenn wir also über „feste" Materie sprechen, sehen wir spätestens an diesem Beispiel, daß Materie weit davon entfernt ist, fest zu sein. Die Elektronen, die du für kleine Partikel hältst, besitzen überhaupt kein Gewicht. Sie sind nur Energiebündel, die mit enormer Geschwindigkeit um den Kern fliegen. Es ist diese Geschwindigkeit, die ihnen scheinbar Substanz oder einen prämateriellen Zustand verleiht. Es verhält sich wie mit einer abgeschossenen Patrone, die mehr Kraft hat als eine geworfene.

Doch nicht einmal der Kern ist fest. Auch er ist aus kleineren Partikeln (Neutronen und Protonen) gemacht, die, wenn man sie sich näher anschaut, wiederum aus noch kleineren Partikeln bestehen. In unserer Untersuchung nähern wir uns nun dem Punkt, an dem sich reine Energie als Materie (wie du es nennst) manifestiert, und der unbeschreiblich kurzen Zeit, die dafür benötigt wird. Außerdem haben wir schon fast die Grenzen physischer Instrumente erreicht. Sie können zwar das plötzliche Erscheinen eines subatomaren Partikels entdecken, aber nicht die eigentliche Transformation aus der reinen Energie, denn die Energieeinheit, die das Partikel erschafft, ist nichtphysische Energie, die von physischen Instrumenten nicht gemessen werden kann.

Physiker folgern, daß subatomare Partikel nur dann Partikel sind, wenn sie observiert werden. Den Rest der Zeit sind sie nur Energiewellen. Daraus folgt, daß ein Forscher niemals den Zustand eines nicht observierten Elektrons kennen kann. Deshalb gibt es keine Möglichkeit, die Grundstruktur der physischen Ebene und ihre Arbeitsweise zu bestimmen.

Auf einer tieferen Ebene sprechen wir von bewußter Energie, die in die physische Ebene einbricht, dort mit enormer Geschwindigkeit herumfliegt und scheinbar fest ist, so wie die Flügel eines Ventilators bei hoher Drehgeschwindigkeit wie eine feste Scheibe aussehen. Ist also das materielle Universum nur eine Illusion? Ja! Es besteht nur aus Hologrammen und stehenden Wellen.

Die Basis aller Organisation von Energie in Materie ist die stehende Welle. Diese Idee ist grundlegend wichtig, um zu verstehen, was du bist und wie du manifestiert bist. Was nun folgt, klingt vielleicht ein wenig wie Physik, aber in Wirklichkeit ist es das Herz der Metaphysik.

Hologramme

Falls du mit dem Phänomen namens Hologramm vertraut bist, weißt du, daß das Bild eines Objekts auf einem besonderen Film eingefangen werden kann, indem man zwei Laserstrahlen miteinander kombiniert. Der eine wird von dem Objekt reflektiert, der andere nicht. Diese beiden Strahlen beeinflussen bzw. stören sich gegenseitig und schaffen so ein besonderes Bild. Wenn nun erneut ein Laserstrahl auf den Film trifft, erscheint ein dreidimensionales Abbild des Objekts, das zu

schweben scheint. Ganz im Gegensatz zu einer normalen Fotografie sieht das Objekt auf dem holographi-
schen Film keineswegs wie das Originalobjekt aus,
sondern wie eine Reihe konzentrischer Kreise, die Inter-
ferenzmuster genannt werden. Und wenn der Laserstrahl nur auf ein Fragment des Bildes trifft, wird doch
das ganze Objekt erscheinen, wenn auch weniger
scharf. Die Abbildung ist also über den ganzen Film ver-
streut. Hier gibt es nun zwei Aspekte: das Abbild des
Objekts, das auf Film eingefangen wurde, und das Bild,
das projiziert wird.

Die Analogie des Hologramms gibt wichtige Hinweise über die Natur der Realität und wie du mit ihr arbeiten kannst. Auf der einen Seite haben wir die tägliche
Realität, die du erfährst (das explizite, projizierte Bild-
muster), auf der anderen Seite haben wir die Blaupause
für diese Realität (das implizite Muster), die du nicht
siehst. Dies erklärt, warum ein subatomares Partikel
überall gleichzeitig sein kann – seine Blaupause ist über
das ganze implizite Muster ausgebreitet. Dies steht in
direktem Widerspruch zur klassischen Physik, die die
physische Welt als eine Ansammlung getrennter, loka-
ler Dinge sieht, die alle geschäftig, aber auf sehr be-
grenzte Weise aufeinander einwirken.

Nun kommen wir der Sache näher. Angenommen,
daß die Materie, wie du sie kennst, aus subatomaren
Wellen besteht, die projiziert werden, um dreidimensionale Muster zu formen. Und weiterhin angenommen,
daß das wunderbare Organ namens menschliches Gehirn diese projizierten Muster entdeckt und daraus etwas baut, was für dich wie eine objektive Realität aussieht. Und daß diese Realität für dich ganz wirklich und
fest ist, weil dein physischer Körper ebenfalls ein dreidi-
mensional projiziertes Bild ist!

Realität ist dann nicht etwas Objektives „da draußen",
sondern etwas Subjektives „hier drinnen", und sie erscheint jeder Person anders. Welches Bild wirft das auf
dich? Bist du nun Fleisch und Knochen, verankert in einer
festen Welt? Oder bist du ein implizites verschwommenes

Bild holographischer Muster in einem ungeheuren Wirbel größerer Muster? Und welche Rolle spielt das Bewußtsein hierbei? Ist es das Licht, das durch die versteckten Muster des Films scheint? Oder ist es das Muster selbst? Es ist beides. Das Bewußtsein schafft gleichzeitig die versteckten Blaupausen aus noch viel versteckteren Blaupausen und läßt Licht hindurchstrahlen, um das zu projizieren, was du siehst, fühlst und hörst. Doch wir sprechen gerade von verschiedenen Funktionen. Subatomares Bewußtsein erschafft die Bausteine der Materie, und andere Teile des Bewußtseins organisieren diese Teile in wesentlich komplexeren Mustern – Zellen, physische Organe, Emotionen und Gedanken, die alle auf ihre eigene Art voll bewußt sind. Und dein Bewußtsein interagiert mit jedem anderen Bewußtsein, ob du es nun lebendig oder „unbelebt" nennst.

Ich weiß, daß dies genug ist, die Sicherungen in jedermanns Mentalkörper durchbrennen zu lassen. Doch nur wenn du weißt, wie „flüssig" Realität tatsächlich ist, kannst du sie wirklich beeinflussen. Wenn du glaubst, daß du aus etwas Festem gemacht bist, kannst du schwerlich große Veränderungen anstreben. Du weißt zum Beispiel, daß in deinen Körperzellen eine Menge alter Verhaltensmuster gespeichert ist. Wenn diese Zellen nun „eingefroren" und diese Muster darin gefangen wären, wie könntest du sie jemals loslassen? Doch wenn deine Zellen Projektionen einer verborgenen Blaupause sind, wie wäre es, wenn du die Blaupause oder die Art, wie sie projiziert wird, verändern könntest? Du hast das Werkzeug, das dafür nötig ist: Bewußtsein!

Wie wir später noch sehen werden, ist die menschliche Spezies auf einer Suche – der Suche nach der Erschaffung der Realität. Doch sie ist so gut im Erschaffen ihrer Realität geworden, daß sie nicht mehr weiß, daß sie es selbst tut. Alle Erfahrungen, die du machst, sind ein direktes Ergebnis deiner Bemühungen, die Realität zu erschaffen, und eine getreue Projektion der inneren

Blaupausen. Falls du nicht weißt, daß du es wirklich tust und die Blaupause verändern kannst, wirst du die gleiche alte Realität immer neu erschaffen, und das macht keinen Spaß. Doch die Dinge sind weitaus formbarer und plastischer, als dir bewußt ist, und dies wird sich noch als sehr wichtig herausstellen.

Deine Gefühle und Gedanken sind Teil der inneren Blaupause, und dein tägliches Leben ist das projizierte Bild. Natürlich interagieren deine Gefühle und Gedanken mit denen aller anderen Menschen, doch das, was du denkst und fühlst, spielt eine sehr große Rolle in dem, was dir zustößt.

Realität, wie du sie kennst, ist aus verschiedenen hologrammähnlichen Blaupausen herausprojiziert. Die Blaupausen existieren auf verschiedenen Ebenen, die einen bestimmten „Abstand" von der gewöhnlichen Realität haben, und die Bilder, die sie projizieren, überschneiden sich. Die Bilder mit der niedrigsten Frequenz erscheinen deinem physischen Körper fest. Doch was du für Raum hältst, ist voll von höherfrequenten Bildern – und alle existieren miteinander. Du selbst bestehst aus vielen physischen, emotionalen, mentalen und spirituellen Projektionen, und die Blaupausen dafür hast du als GEIST erdacht. Diese Blaupausen wiederum sind Projektionen von höherfrequenten, noch verborgeneren Blaupausen. Hier ist wichtig, daß du diese Blaupausen durch Visualisation verändern kannst. Wenn du krank bist, kannst du mittels Visualisation die Blaupause „reparieren" und wieder gesund werden. Wenn du eine Situation erschaffen willst, entwerfe eine neue Blaupause und lehne dich zurück, bis sie sich in die physische Ebene projiziert haben wird und du sie als Ereignis erfahren wirst.

Die Erschaffung der Realität funktioniert aber auch auf folgende Weise: Wenn du in einer Situation bist, die du nicht magst, und ihr Widerstand entgegenbringst, anstatt etwas Besseres zu visualisieren, verstärkst du gleichzeitig die Blaupause und den Projektionsmechanismus und setzt somit die unerwünschte Situation fort.

Bewußtsein ist also das Muster hinter der objektiven Realität und der Geschichte des Planeten Erde und ist tief im Gewebe der Realität verankert.

In der Fernsehserie *Star Trek: Die nächste Generation* hast du ein exzellentes Modell für das Erschaffen der Realität. Das Holodeck auf der Enterprise kann Bilder von Gegenständen und Menschen generieren, die nach den Parametern des Programmierers dieser „Realität" funktionieren. Eine kleine Veränderung im Programm kann beispielsweise eine Veränderung im Aggressionsgrad der holographen Person verursachen oder eine bedrohliche Situation entschärfen. Im Gegensatz zu den heutigen Hologrammen kann dich eine holographe Kugel töten, und ein holographes Monster kann dich verschlingen, wenn du das Programm nicht rechtzeitig beendest. Die Fernsehserie spielt zwar im vierundzwanzigsten Jahrhundert, doch die Technologie, die man braucht, um Energie auf diese Weise zu formen, wird bereits viel früher verfügbar sein.

Dies bringt uns zu dem Thema, wie die physische Ebene gebildet wird. Ein holographisches Bild wird durch Licht geformt, das in einer Hülle festgehalten wird, die eine Repräsentation des Originals darstellt. Die Informationen, die gebraucht werden, um das Bild zu generieren, werden auf Film codiert. Die Hülle ist eigentlich eine Art von stehender Welle.

Stehende Wellen

Als Kind hast du sicher einmal mit einem Freund einen Faden stramm gehalten und daran gezupft. Eine kleine Welle läuft den Faden entlang, trifft auf die Hand deines Freundes und kommt zu dir zurück. Was den Faden entlangläuft, ist Energie. Der Faden bewegt sich nur auf und ab, aber nicht der Länge nach.

Wenn ihr beide zu gleicher Zeit an dem Faden zupft, können zwei Dinge passieren. Entweder entsteht eine doppelt so große Welle, wenn ihr an dem

Faden auf genau die gleiche Weise gezupft habt, oder die Wellen neutralisieren sich gegenseitig, wenn einer von euch nach oben, der andere aber nach unten gezupft hat. Beide Wellen beeinflussen sich gegenseitig, konstruktiv im ersten Fall, destruktiv im zweiten Fall.

Stelle dir nun einen kürzeren Faden vor, der wie eine Gitarrensaite gespannt ist. Zupfe an ihm, und er wird einen charakteristischen Klang erzeugen. Mit dem Zupfen hast du rohe Energie auf den Faden wirken lassen. Diese Energie fällt natürlicherweise in bestimmte Muster. Das stärkste Muster ist eine Welle, die die gleiche Länge besitzt wie der Faden, sagen wir mal einen Meter. Dann bilden sich auch andere Wellen, die nur einen Bruchteil so lang sind wie der Faden. Dies ergibt Wellen mit, sagen wir, einer Länge von 50 cm, 25 cm, 12,5 cm usw. Diese Wellen heißen stehende Wellen und bilden eine Familie, deren Basis die natürliche Wellenlänge ist. Die jeweilige Kombination von stehenden Wellen gibt einem Instrument sein individuelles Timbre oder seine Klangfarbe.

Das wichtige bei vibrierenden Saiten ist, daß zwei identische Saiten unter identischen Bedingungen immer die gleichen natürlichen und harmonischen Wellen erzeugen werden. Wenn du zwei identische Saiten nebeneinander plazierst und nur eine anschlägst, wird sie ein Feld aus Klangenergie erzeugen, das von der anderen Saite aufgefangen wird. Da die zweite Saite exakt auf die Wellenlänge eingestimmt ist, die die erste Saite erzeugt, wird sie sofort sympathisch resonieren. Resonanz ist äußerst wichtig, wenn es um die menschlichen Energiekörper geht, und wir werden in diesem Buch noch viel dazu zu sagen haben.

Nun wird es etwas knifflig. Stell dir vor, du bist Konditor auf einem Raumschiff und dir ist es in deiner schwerelosen Küche gelungen, Wackelpeter zu machen, der ohne Gefäß zusammenbleibt. Du hast zwei Sorten gemacht, eine rote und eine gelbe. Bevor sie ganz fest geworden sind, schubst du sie zusammen, so daß sie ein wenig ineinanderlaufen und dort, wo sie zusammentreffen, orangefarbenen Wackelpeter bilden. Wenn du nun den roten Teil wackeln läßt, setzt sich die Bewegung bis zum gelben Teil fort. Wenn du den roten Teil regelmäßig wackeln läßt, bildet sich eine stehende Welle, die den gelben Teil, der ja aus dem gleichen Material besteht, in genau der gleichen Frequenz mitschwingen läßt. Nun stell dir vor, was passiert, wenn du es schaffst, einen gelben Wackelpeter zu machen, der in einem roten drin ist. Denke darüber nach, wie der gelbe Wackelpeter reagieren würde, wenn du den roten zum Wackeln bringst.

Gerade eben hast du die ureigenste Eigenschaft von Feldern und das Phänomen der Resonanz zwischen zwei Feldern aufgrund stehender Wellen entdeckt. Wenn ein Feld auf Energie einer bestimmten Frequenz eingestellt ist, wird es die Energie einer stehenden Welle aus einem anderen Feld absorbieren und eine eigene stehende Welle erschaffen. Jedes Feld wird relativ leidenschaftslos und automatisch mit ähnlichen Feldern in der Nähe mitschwingen. Dies kann auch eine sympathische Resonanz erzeugen, die schädlich ist. Das erste Feld könnte in einer Art bewegt werden, die gegen sein eigenes bestes Interesse wäre. Nun gut. Alles, was du nun noch lernen mußt, ist, Wackelpeter in schwerelosem Raum zu essen!

Wie du noch sehen wirst, hat Resonanz auf zahllose Art Einfluß auf dich – ob du es weißt oder nicht. Aber von nun an wirst du fähig sein, sie bewußt als ein Werkzeug für den Aufstieg zu verwenden.

Energiefelder

Deine Persönlichkeit besteht aus drei Energiefeldern und deren Inhalt. Ich nenne die Kombination eines Feldes und seines Inhalts „Körper". Dein Geist-Selbst projiziert oder manifestiert aus seiner eigenen Energie heraus drei Körper: den physischen, den emotionalen und den mentalen Körper. Energie wird in stehenden Wellen in einer Hülle arrangiert, so daß sie die drei Energiekörper formen. Ein vierter Körper, der spirituelle, bildet eine Brücke zwischen diesen drei niedrigen Körpern und dem GEIST. Die Tatsache, daß alle vier Körper aus dem gleichen Material gebildet sind, ist, wie wir später noch sehen werden, von höchster Wichtigkeit.

Laß uns zuerst vom physischen Körper sprechen. In welcher Form er sich manifestiert, wird von vielen Faktoren beeinflußt. Vor langer Zeit entschloß sich die menschliche Spezies, den physischen Geburtsprozeß zu durchlaufen und nicht einfach nur einen Körper in ein vom Geist geschaffenes Feld zu projizieren. (Den Grund dafür werden wir später noch kennenlernen.) Außerdem dachte man sich die Empfängnis aus, um die Gen-Banken abwechslungsreich zu gestalten und eine größtmögliche Vielseitigkeit in den physisch-genetischen Blaupausen zu erzielen.

Im Moment deiner Empfängnis verschmolzen zwei komplette DNS-Stränge und schufen dadurch einen dritten. Als das Ei sich teilte und die Zellen sich bildeten, halfen bewußte Energieeinheiten dabei, zuerst subatomare Partikel und dann Atome und Moleküle zu formen. Dieser Prozeß wurde von Mustern überwacht, die in deiner DNS gespeichert sind – nämlich die Gesamtblaupause für deinen physischen Körper.

Du – als GEIST – schufst deine eigene DNS sorgfältig aus der DNS deiner Eltern, die du wegen ihren genetischen Voraussetzungen und der Familiensituation ausgewählt hast, die du in dieser Inkarnation erleben wolltest. In Zusammenarbeit mit ihrem Geist-Selbst wähltest du den richtigen Moment für die Empfängnis. Dieser Moment basiert auf äußerst komplexen Faktoren (und die Astrologen haben bisher nur einen winzigen Teil dieser Komplexität entdeckt).

Wissenschaftler haben bislang nur einen Bruchteil der Millionen Informationen entschlüsseln können, die in der DNS gespeichert sind. Und deine DNS enthält neben deinen physischen Charakteristika auch noch deine gesamte Inkarnationsgeschichte über alle Zeiten

39

hinweg sowie die Geschichte jeder Spezies, die je gelebt hat und noch leben wird. Du kannst die DNS als eine Serie von Proteinmolekülen betrachten, doch wie ein Hologramm sollte sie vollständig gelesen werden, um den maximalen Nutzen daraus zu ziehen.

Während der ersten Schwangerschaftswochen liest die bewußte Energie, die deine Zellen formt, die DNS. Sie entschlüsselt sie, um herauszufinden, welche Art von Zelle gebaut werden soll. Die wachsenden Zellen, die auf ihre Art auch bewußt sind, stimmen sich in die Blaupause für den physischen Körper und in die simultane „Zukunft" ein, um für ihr Wachstum Anleitung zu erhalten. Sie organisieren sich selbst und ziehen weitere Energieeinheiten an, damit diese die nötigen Atome bilden und sich innerhalb der übergeordneten Hülle vermehren, um die Funktion auszuüben, die in der DNS festgelegt ist. Das Bewußtsein einer Zelle, die sich zum Beispiel zu einer Leberzelle entwickeln will, zieht Energie an und teilt sich, um weitere Leberzellen zu bilden. Im Laufe deiner physischen Entwicklung multiplizieren sie sich in der ständig wachsenden stehenden Welle, die für die Bildung der Leber eingerichtet wurde. Zu Beginn der Schwangerschaft ist das Wachstum sehr schnell und verlangsamt sich dann gegen Ende der Schwangerschaft. Das Wachstum setzt sich dann noch ein paar Jahre lang fort und hört dann auf. Es werden nur noch abgestorbene und beschädigte Zellen ersetzt.

Dein physischer Körper ist aus stehenden Wellen in stehenden Wellen in stehenden Wellen gebaut, dein Körperbewußtsein bildete sich heraus und formte Atome, Moleküle, Zellen und Organe unter der Anleitung deines Geist-Selbst sowie einer Art von „Zukunftsversion" deines Körpers (die als Blaupause fungiert).

Nachdem dein Körper erschaffen ist und seine volle Größe erreicht hat, bleibt er nicht auf sich selbst gestellt, bis seine Zeit abgelaufen sein wird. Die Energie, die die Partikel deines Körpers bildet, wird jede Sekunde millionenfach erneuert. Tatsächlich wird dein Körper im Einklang mit den Blaupausen in deiner DNS und den mentalen Blaupausen – den Gedankenbildern, die du über deinen Körper hast – permanent neu erschaffen.

Dein Körper ist eine wunderbare Wesenheit. Er besitzt ein eigenes Bewußtsein und kann sich selbst ausgezeichnet regulieren. Doch er blickt auf das größere Du und erwartet von ihm Input. Durch Resonanz haben die Gedanken und Gefühle, die du über dich selbst hast, enormen Einfluß auf das Bewußtsein deines Körpers. Angst vor Krankheit und Tod wird ihn buchstäblich auf Krankheit programmieren. Gleicherweise werden Gedanken an eine gute Gesundheit und Lebensfreude deinen Körper so programmieren, daß er seine Selbstheilungskräfte aktiviert. Diese Kräfte beheben Verfälschungen in der Zell-DNS (oft die Ursache von Krebs) und Leiden, die normalerweise mit dem Alterungsprozeß in Verbindung gebracht werden.

Diese Erklärungen enthüllen noch nicht einmal ansatzweise, wie kompliziert die Vorgänge wirklich sind. Selbst die kürzeste Reflektion darüber, wie du deinen eigenen Körper wachsen läßt, würde dich in Ehrfurcht vor dir selbst versetzen. Diese oberflächliche Beschreibung soll nur den Zweck haben, dir zu zeigen, daß der Körper, den du für fest hältst, eigentlich Energie ist, die in einer Serie stehender Wellen angeordnet ist, die für deine physischen Sinne subatomare Partikel, Atome, Moleküle, Zellen und Organe und schließlich der ganze Körper sind. Jede Energieeinheit ist sich ihrer Rolle voll bewußt und nimmt voller Freude und im Einklang mit deinem Bild von der Realität an der Struktur teil, die du als deinen Körper kennst.

Es mag dich überraschen zu hören, daß dein Körper bewußt ist. Doch er ist nicht bewußt in dem Sinne, wie du diesen Begriff verstehst. Dein Körper weiß zum Beispiel, wie er das Herz schlagen lassen, Nahrung verdauen und sich selbst heilen kann. Er ist sich der Zyklen des Mondes, der Planeten und der Sterne bewußt, er benutzt diese Zyklen und paßt sich ihnen an. Schließlich ist er aus bewußter Energie zusammengestellt, die aus dem ungeheuer großen planetarischen Feld stammt. In dieser Hinsicht spielte der Planet bei deiner Geburt eine größere Rolle als deine biologischen Eltern!

Was du für dein Bewußtsein hältst, ist eigentlich eine Mischung aus verschiedenen Arten von Bewußtsein (obgleich sie letztendlich eine Einheit darstellen):

➤ Subatomares Bewußtsein, das sich der riesigen kosmischen Felder bewußt ist und in ihnen mit allem anderen subatomaren Bewußtsein interagiert.

➤ Zellbewußtsein, das auf den DNS-Blaupausen basiert und mit deinen Lebenserfahrungen, deinen Gedanken und Gefühlen imprägniert ist.

➤ Körperbewußtsein, das die Gesamtform zellularen Bewußtseins darstellt, zu dem noch ein paar eigene Ideen hinzukommen (das Selbst-Bild des physischen Körpers hängt jedoch weitgehend von den Glaubenssätzen des Mentalkörpers ab).

➤ Gefühle, die im Moment durch dich fließen und von vergangenen Emotionen überlagert sind, an denen du festhältst, anstatt sie fließen zu lassen.

➤ Gedanken und Glaubenssätze, die du verwendest, um die Realität zu strukturieren (sei dir bewußt, daß jeder Glaubenssatz nur eine Meinung über die Realität darstellt).

➤ Spirituelles Bewußtsein, Intuition oder direktes Erkennen. Dieser Aspekt entspricht in etwa dem, was oft universelles Bewußtsein genannt wird. Eigentlich ist es Teil einer verborgenen Blaupause, aus der die Realität fließt und die – neben anderen Dingen – die Archetypen deiner Spezies enthält, also die heroischen Aspekte der Menschheit. Durch dieses „Bindegewebe" für die physische Realität hast du Zugang zu anderen Zeiten, anderen Orten und anderen Dimensionen.

Die meiste Energie zur Bildung deines physischen Körpers ziehst du aus der Nahrung, die du aufnimmst. Doch Energie wird mehr und mehr in deinen Körper projiziert. Und das funktioniert so: Als Ersatz für die Energie, die aus dem Eiweiß und der Stärke verdauter Nahrung kommt, projizieren die GEIST-Ebenen deines Wesens bewußte Energiequanten in dein physisches Feld und leiten sie dazu an, Zellstrukturen zu bilden. Dein Geist-Selbst wandelt die Zellen deines Körpers systematisch so um, daß sie direkt von projizierter Energie ernährt werden können. Diese projizierte Energie wird aus der Energie gewonnen, die auch hinter der Strahlung steckt, die du Licht nennst. Als Folge davon beginnt sich dein sogenannter „Lichtkörper" zu bilden. Dein physischer Körper stellt sich immer mehr darauf ein, von Energie „ernährt" zu werden und nicht von physischen Nährstoffen, die in einer zellularen Hülle stecken. Ein Effekt davon ist, daß sich die Frequenz deiner Zellen und deines Körpers erhöht. Schließlich wird dein Körper beginnen, sanft zu strahlen. Dann wirst du in einem Lichtkörper leben. Diese Veränderung ist auf unterschiedliche Weise eingeleitet worden, braucht aber für gewöhnlich deine bewußte Einverständniserklärung. Dieses Buch ist dazu gedacht, als Straßenkarte für Neuland zu dienen, so daß du Bescheid weißt und verstehst, worum es geht, wenn du dich auf diesen Prozeß einläßt.

Deine verschiedenen Felder (emotional, mental und spirituell) drehen sich mit einer für dich charakteristischen Frequenz. Bei manchen Menschen drehen sie sich schnell, bei anderen langsam. Doch jedes Feld dreht sich in einem bestimmten Verhältnis zu einem anderen Feld: 11, 22, 33 usw. Wenn sich die Drehzahl eines deiner Felder und damit das Verhältnis zu den anderen Feldern ändert, fühlst du dich eventuell „leicht daneben" oder bist schwindlig. Die Drehung eines Feldes und das Verhältnis der Drehzahlen der Felder sind sehr wichtig, und wir werden uns diesem Thema im zweiten Teil dieses Buches zuwenden.

Es wurde oft gesagt, daß Wissenschaft und Religion wie zwei Eisenbahnzüge seien, die auf parallelen Schienen in dieselbe Richtung fahren, wobei die Religion den Denker sucht, die Wissenschaft aber den Gedanken. Sie werden bald an eine Weiche kommen, wo die beiden Gleise zusammentreffen. Was wird passieren? Es könnte einen schrecklichen Unfall geben, oder sie könnten sich bewußt werden, daß Denker und Gedanke eins sind. Das organisierende Prinzip des Universums und die Energie, aus der das physische und nichtphysische Universum geschaffen sind, sind dasselbe Ding: ein Kontinuum bewußter Energie, das alle wahrnehmbaren und nichtwahrnehmbaren Frequenzen umfaßt und mit atemberaubender Schönheit organisiert ist und sich voller Vergnügen dem Erschaffen widmet. Im nächsten Kapitel schauen wir uns diese Energie etwas näher an.

3

ENERGIEFELDER

Schau dir dieses Buch genau an. Viele Arten von Energien leisten ihren Beitrag, um dieses Objekt zu bilden. Zuerst ist eine Hülle oder ein Feld-Raum nötig. Dieser wird von einer stehenden Welle definiert, die den Raum, in dem sie existiert, für Energiemanifestation leitfähiger macht.

Am anderen Ende der Skala befinden sich die stehenden Wellen, die die Felder der einzelnen Atome bilden, deren Durchmesser etwa den einhundertmillionsten Teil eines Zentimeters beträgt. Milliarden dieser Atome bilden die Moleküle des Papiers, der Druckfarbe und damit auch neue stehende Wellen. Einige sind als Zellulosestränge oder andere organische oder nichtorganische Stoffe organisiert, und ihre Felder dehnen sich in die Unendlichkeit aus. Die Hülle, die die Form dieses Buches hat, ist jedoch ein Bereich hochleitfähigen Raums. Der Raum außerhalb des Feldes dieses Buches ist für diese Energie weniger leitfähig. Das bedeutet, daß die Intensität der Energie an der Feldgrenze dramatisch abfällt, aber nicht ganz aufhört.

Die Feld-Hülle, die für dieses Buch generiert wurde, unterstützt Energie, wenn sie durch eine Grenze bricht, um semiphysische subatomare Partikel zu bilden. Diese verdichten sich, um die Atome des Papiers und der Druckfarbe zu bilden. Milliarden bewußter Energieeinheiten arbeiten zusammen, um das Material zu manifestieren, das zuerst ich ins Auge gefaßt habe, dann das Channel, dann der Verleger und dann du, der Leser. Deine Rolle im Miterschaffen und Aufrechterhalten dieses

45

Buches ist also so wichtig wie meine. Deine Augen und dein Gehirn entschlüsseln die wirbelnden Energiemuster, die in verschiedenen Hüllen gehalten werden, und durch ein Wunder an Organisation kannst du dieses Buch lesen. Natürlich geschieht dies alles außerhalb deines bewußten Verstandes. Wie könntest du dich genug konzentrieren, um dieses Buch oder andere Bücher zu lesen, wenn du dich bewußt daran erinnern müßtest, dieses Buch dauernd in Existenz zu denken?

Das Buch, das du in Händen hältst, besteht also aus Energien verschiedener Frequenzen, beginnend bei jenen, die subatomare Partikel bilden, bis hin zu den größeren Wellen, die das Format des Papiers definieren. Es enthält aber noch eine andere Frequenz: meine. Die Druckfarbe bildet Symbole (Buchstaben und Wörter), die das transportieren sollen, was ich sagen will. Diese Symbole besitzen auch eine eigene, charakteristische Frequenz, die über die reine Darstellung des Symbols durch Druckfarbe hinausgeht. Die Prozesse, durch die das, was ich sagen will, in die Symbole eincodiert wurde und durch die du die Symbole entschlüsselst und meine Aussagen extrahierst, sind phänomenal komplex. Du hältst es vielleicht nur für Lesen, doch es würde ein weiteres ganzes Buch benötigen, diesen Prozeß nur ansatzweise zu beschreiben – vorausgesetzt, es gäbe eine Sprache, die dies könnte. Darüber hinaus nutzt die hohe Frequenz meiner Funktion die Gelegenheit, daß du sitzt und dieses Buch liest, um viel mehr Information in deine Felder zu speisen, als du durch Lesen bewußt absorbieren könntest.

Physische Felder

Wir haben bereits festgestellt, daß dein Körper aus bewußter Energie zusammengesetzt ist, die weiß, daß sie die Zellen deines Körpers bildet. Außerdem haben wir gesehen, daß diese Energie ein Feld besitzt, das sich in die Unendlichkeit ausdehnt, doch daß die Intensität außerhalb des Feldes stehender Wellen, das darin enthalten ist, stark abnimmt. Obgleich dein Energieniveau innerhalb der Hülle deines physischen Körpers am höchsten ist, erstrecken sich deine persönlichen Felder doch weit über die Hülle deiner Haut hinaus.

Dieses ausgedehnte Feld ist gleichzeitig Sender und Empfänger. Mit ihm kannst du eine potentielle Gefahr spüren, lange bevor sie auftritt. Bei dem sogenannten Instinkt handelt es sich eigentlich um deine ausgedehnten Felder, die auf ein anderes Feld reagieren. Ob es nun ein hungriger Tiger oder ein LKW außer Kontrolle ist, dein Feld empfängt die Gefahr, die von ihnen ausgeht. Ähnlich sendest du über dein eigenes ausgedehntes Feld elektrische Signale aus, die andere auffangen. Darauf bezieht sich das Sprichwort, daß Angst ansteckend ist. Einige Menschen sind stärkere Sender und sensiblere Empfänger als andere, doch alle Menschen tun dies. Ariel nennt dies „ein Biotransduktor sein".

Emotionale Felder

Wir haben bereits gesehen, daß dein Geist-Selbst drei Felder manifestiert: das physische, das emotionale und das mentale Feld. Dein Emotionalfeld ist aus Energie zusammengestellt, die nicht durch die physische Barriere hindurchbricht, um subatomare Partikel zu bilden, so wie es die Energie des physischen Feldes tut. Offensichtlich interagiert es mit deinem physischen Feld, denn du kannst Emotionen in deinem Körper fühlen, und deine Emotionen haben einen direkten Einfluß auf deinen Körper. Das Emotionalfeld ist jedoch ein völlig eigenständiges Feld mit einer größeren Hülle, die zwischen sechzig und hundertachtzig Zentimeter über deine Körperoberfläche hinausreicht, wobei sie bei einigen Menschen noch viel größer sein kann.

Dein Emotionalkörper ist ein Feld, durch das Energien eines bestimmten Frequenzspektrums laufen. Einige dieser Energien generierst du selbst, andere fängst du auf, indem du das Feld wie eine Antennne benutzt. Eine bestimmte Emotion kann also übertragen werden. Es ist wichtig, daß du erstens weißt, welche Energien du selbst generierst und welche du auffängst, und daß du zweitens die Kontrolle darüber hast, welche Energien du in dein Emotionalfeld hineinläßt.

Angenommen, du fühlst dich plötzlich wütend. Woher kam diese Wut? Natürlich kann etwas in dir die Wut ausgelöst haben. Vielleicht hattest du die Erwartung, daß sich eine andere Person in einer bestimmten Weise verhalten würde, und sie wurde enttäuscht. Oder eine Situation entwickelte sich nicht so, wie du es gerne gehabt hättest. Die Tatsache, daß deine Pläne durchkreuzt wurden, löst ein Gefühl der Hilflosigkeit in dir aus, und der ganze Enthusiasmus, den du hattest, wurde in deinem Emotionalfeld unterdrückt. Und dies fühlst du als Wut.

Andererseits mag dich die Wut auch wie aus dem Nichts angesprungen haben. In diesem Fall hast du vielleicht die Wut einer anderen Person aufgefangen, die sich gerade in deinem Feld aufhält. Die Wut ist nicht deine, und du kannst sie sehr schnell loslassen. Schleudere die Wut hinaus, indem du dein Emotionalfeld sich drehen läßt. Erkläre dabei, daß du die Energie ins Universum entläßt, und fühle, wie sie abfließt.

Deine eigene Wut loszulassen ist fast genauso leicht. Doch zuerst mußt du dir bewußtmachen, daß es sich bei dieser Wut nur um Energie handelt und daß Energie es liebt, sich zu bewegen. Sie haßt es stillzustehen. Werde dir ebenfalls bewußt, daß diese Energie nicht zu dir gehört, sondern dir nur leihweise zur Verfügung steht. Laß deine Felder sich drehen und erkläre:

„Diese Wut (oder Angst, Eifersucht etc.) bin weder ich, noch gehört sie zu mir. Ich entlasse sie ins Universum.“

Emotionale Energie ist weder gut noch schlecht, sie ist. Einige Frequenzen, wie zum Beispiel Liebe oder Freude, magst du vielleicht nicht aus deinem Feld entlassen. Wenn sich eine Emotion gut anfühlt, dann empfängst du sie aus einer anderen Quelle: aus dem GEIST.

Mentale Felder

Das dritte Feld ist die Heimat des Intellekts und arbeitet in einem noch höheren Frequenzband mit einer noch höheren Drehgeschwindigkeit als das Emotionalfeld. Jeder Gedanke, den du denkst, ist aus organisierter Energie zusammengesetzt und hat seine Realität in dieser Energie. Deshalb sind Gedanken Energiestrukturen in deinem mentalen Feld, das den Mentalkörper bildet. Auch der Mentalkörper leitet sich aus einer verborgenen Blaupause ab, die auch Quelle jener großartigen Ideen ist, die dich plötzlich überfallen. Ein Gedanke ist ein reales Ding, doch eure Wissenschaftler können ihn noch nicht messen, obwohl einige Untersuchungen der Sache schon sehr nahe kommen. So wurde zum Beispiel in Experimenten nachgewiesen, daß eine Veränderung in der Leitfähigkeit von Blättern auftrat, wenn sich eine Person der Pflanze mit einer Heckenschere und mit schlechten Absichten näherte. Ein Gedanke ist hochfrequente Energie, die in einer kohärenten Struktur organisiert ist. Du überträgst deine Gedanken aus deinem mentalen Feld, genau wie du Energien aus deinen anderen Feldern überträgst, doch deine Gedanken werden von weniger Menschen aufgefangen als zum Beispiel deine physischen oder emotionalen Energien.

Die Klarheit der Struktur einer Gedankenform hängt direkt von der Klarheit des Empfangens ab. Ein Radiosender, der alte, zerkratzte Platten abspielt, wird natürlich auch alte, zerkratzte Musik senden. Dies ist ein wichtiger Punkt, denn die Gedankenformen, die du überträgst, beeinflussen direkt alle Felder um dich herum. Wenn du also sehr klare, aber angstvolle Gedanken hast, überträgst du ein sehr klares Signal, daß du etwas

Schlimmes erwartest, und verstärkst dieses Signal noch durch ängstliche Gefühle. Das Universum ist in dieser Hinsicht sehr anpassungsfähig und wird sich selbst so strukturieren, daß es dir geben kann, was du aussendest. Indem du angstvolle Gedanken in die Energiefelder um dich herum überträgst, veränderst du sie dadurch wirklich. Andere fangen deine angstvollen Gedanken unbewußt auf und erkennen dich als wartendes Opfer. Du lädst sie buchstäblich dazu ein, deine Opfermentalität zu stärken, und sie werden deine Einladung gerne annehmen. Wenn du dich andererseits vom Göttlichen geschützt fühlst, wird jemand, der ein Opfer sucht, dich nicht bemerken, da eure Felder nicht in Resonanz miteinander stehen. Doch du wirst denen auffallen, mit deren Feldern du in Resonanz stehst. So schaffst du deine eigene Realität. Alles geschieht durch Resonanz, die „guter" oder „schlechter" Energie völlig unparteiisch gegenübersteht.

Genau wie die beiden Gitarrensaiten stehende Wellen austauschen, fangen andere Menschen deine Angst auf, verstärken sie und spielen sie dir zurück. Eine ängstliche Person in einer Gruppe kann die Angst in jeder der anderen Personen verstärken und wird dann bald wirklich einen Grund haben, sich zu fürchten! Glücklicherweise überträgt sich die emotionale Energie von Liebe und von liebevollen Gedanken auf die gleiche Art, und das sogar noch besser, denn sie stehen in Harmonie mit der Natur des Universums, und alle Dinge funktionieren besser, wenn sie im Fluß sind.

Außerdem werden zwei weitere Faktoren immer wichtiger: Du wirst ein immer stärkerer Transmitter, und das Universum wird immer formbarer und empfänglicher für deine Gedankenformen. Diese beiden Faktoren helfen, die Zeit zwischen dem Gedanken und seiner Manifestation zu verkürzen. Früher mußtest du jahrelang einen Gedanken hegen, bevor er sich in deinem Leben manifestieren konnte, doch heutzutage braucht es nur noch ein paar Tage. Glücklicherweise manifestieren sich Gedanken, die mit dem natürlichen

Fluß des Universums in Einklang stehen, schneller als Gedanken, die dagegen gehen.

Dein Verstand sitzt nicht im Gehirn

Viele Forscher schauen ins Gehirn, um die Funktionen des menschlichen Verstandes zu finden. Genausogut könnte man in ein Radio schauen, um die Stimme zu finden, und sich dann verwundert fragen, wie die Elektronik es schafft, die Börsenkurse zu wissen, die Staus auf der Autobahn zu kennen und die Wettervorhersage zu senden.

Ganz offensichtlich weiß das Radio von all diesen Dingen nichts. Doch es kann die elektromagnetischen Felder auffangen, die diese codierten Informationen tragen – nämlich das Sendesignal, auf das das Radio eingestellt ist. Auf ganz ähnliche Weise fängt das Gehirn Dinge auf, die im Mentalkörper vor sich gehen. Das Gehirn ist nur aus Gewohnheit auf das beschränkt, was es auffängt, und du kannst es leicht etwas erweitern. Du hast einen Lieblingssender, den du meistens hörst, doch mit ein wenig Übung kannst du ganz einfach die Skala hoch- und runtergehen. Einige von euch tun dies bereits unbewußt und sind von all den merkwürdigen Sendungen und den atmosphärischen Störungen, die andere Leute aussenden, sehr verwirrt.

Das Gehirn selbst weiß natürlich überhaupt nichts. Es ist ein wundervoller Entschlüßler und Übersetzer und eine erstaunlich komplexe Antenne für mentale und physische Felder. Es verarbeitet Signale deiner äußeren Sinne und setzt sie in Beziehung zueinander, um dir ein möglichst vollständiges Bild der physischen Realität zu vermitteln. Wenn deine Augen ein Energiemuster sehen, wandelt dein Gehirn das Durcheinander von Signalen in Bilder von Tischen, Stühlen, Bäumen etc. um. Doch die eigentlichen Funktionen des Verstandes, wie zum Beispiel das Denken, befinden sich in deinem Mentalkörper und nicht in deinem Gehirn.

Glaube nicht, daß ich das Gehirn herabsetzen will. Als Biotransduktor-Komponente ist es eins der komplexesten elektro-chemischen Energieübertragungs- und Energieempfangsinstrumente auf *jeder* physischen Ebene – überall. Du – als GEIST – hast es als Antwort auf den Ruf der Menschheit, die einen festen Fokus auf der physischen Ebene wollte, selbst entwickelt. Das Gehirn ist im Universum wirklich einzigartig.

Was du also für dich selbst hältst, ist eigentlich eine gewisse Anzahl von Feldern. Jedes davon ist ein unterstützendes Medium für eine Bandbreite erstaunlich komplexer Energien, die eine enorme Anzahl von aufeinander wirkenden Frequenzen haben. Diese Kombination von Energien – die Energiesignatur – definiert deine Persönlichkeit und ist im Universum einzigartig. Die unbeschreiblich komplexen Muster, die das Du ausmachen, das du kennst, verändern sich dauernd gemäß den momentanen Verschiebungen in den Absichten und Funktionen deines Geist-Selbst. Ich bitte dich dringend, sensibel für deine eigene Energie zu werden. Und wenn du etwas tust und es plötzlich keinen Spaß mehr macht, dann höre auf und tue etwas anderes oder gar nichts. Die Veränderung, die du fühltest, signalisierte eine Verschiebung in den höheren Dimensionen, und die Energie entwich aus dem, was du gerade getan hattest. Vielleicht hast du auch plötzlich das Gefühl, den Ort verlassen zu wollen, an dem du dich gerade befindest. Ehre dieses Gefühl und gehe. Entschuldige dich nicht. Sage nur: „Ich muß jetzt gehen."

Obwohl sich die Frequenzen der Energien in deinen physischen, emotionalen und mentalen Feldern nicht überschneiden, ereignen sich doch ungeheuer komplexe Resonanzen zwischen ihnen. Zum Beispiel wird Angstenergie in deinem Emotionalkörper optimistische Gedanken in deinem Mentalkörper unterdrücken. Energien interagieren auch in einem bestimmten Körper. Die Frequenz von Angst dämpft zum Beispiel automatisch die Frequenz der Liebe oder schließt sie sogar ganz aus. Das liegt an der Art, wie diese beiden

Frequenzen interagieren. Angst, die sich vielleicht als Verdächtigungen, Eifersucht, Arroganz, Selbstunterdrückung etc. manifestiert, besteht aus einer niedrigen Frequenz, die höhere Frequenzen abblockt. Verurteile nun Angst nicht als schlecht, manchmal ist sie ein guter Lehrer. Doch ich fordere dich auf zu sehen, was sie wirklich ist: nur Energie. Angst basiert immer auf einem Gefühl der Unzulänglichkeit oder dem Gefühl, dem Leben oder einem Bereich des Lebens hilflos gegenüberzustehen, und schließlich basiert sie auf dem Gefühl, vom GEIST getrennt zu sein. Doch sei dir bewußt, daß du die Trennung nur empfindest. Natürlich bist du niemals wirklich getrennt. Du könntest es gar nicht sein, denn das Universum arbeitet nicht auf dieser Basis.

Angst kann mit einer solch hohen Amplitude auftreten, daß sie dein gesamtes Feld überflutet und alle Gefühle und Gedanken verzerrt. Mit dieser verzerrten Wahrnehmung interpretierst du selbst die freundlichsten Gesten dir gegenüber als eigennützige Handlung der anderen Person. Doch wie wir noch sehen werden, kann auch das Gefühl der Liebe alle deine Felder überfluten.

Der Faktor, der wohl den größten Einfluß darauf hat, wie du dich fühlst und wie gut du funktionierst, ist der Grad der Abstimmung zwischen deinen drei Körpern. (Erinnere dich, daß ein Körper die Kombination aus einem Feld und seinem Inhalt ist.) Wenn du gut eingestimmt bist, sind deine Körper symmetrisch um deinen physischen Körper herum angeordnet und drehen sich mit der Geschwindigkeit, die für dich am besten ist. Nach einem großen Krach kann es sein, daß dein Emotionalkörper buchstäblich „verbogen" ist. Nach einer Phase intensiver gedanklicher Arbeit existiert dein Mentalkörper vielleicht nur noch im Bereich deines Kopfes und dreht sich unregelmäßig. Später werden wir uns einige Techniken anschauen, mit denen wir unsere Körper wieder ausrichten können. Im Moment aber reicht es zu wissen, daß du diese Körper besitzt.

Das Chakrensystem

Wie resoniert Energie in den drei Feldern, wenn diese Felder verschiedenen Frequenzbändern angehören und sich in verschiedenen Geschwindigkeiten drehen? Hier setzen die Chakren an. Sie sind Energietransformatoren und auf ihre eigene Art auch kleine Lagerhäuser.

Es gibt viele Bücher über Chakren, doch die wenigsten sagen dir, was sie wirklich tun. Angenommen, in einem Feld geschieht etwas Bedeutendes, wie etwa eine massive Zufuhr an sexueller Energie kurz vor einer Liebesnacht. In diesem Falle ist es das zweite Chakra, das auf diese Frequenz eingestimmt ist und die Energie des angeregten (spirituellen, mentalen oder emotionalen) Feldes in Frequenzen übersetzt, die die anderen Felder ebenfalls anregen. Als Ergebnis vibrieren alle drei Felder in dieser Liebesenergie.

Oder stell dir vor, dein Leben ist bedroht. Dann wird das erste Chakra das Gefühl der Wut aus dem Emotionalkörper der Person empfangen, die sich dir nähert. Es würde die Botschaft „Gefahr" durch die anderen Felder senden, und wenn du gut eingestimmt bist, kannst du schnell reagieren. Wenn die Energie in deinen Feldern nicht richtig ausgerichtet ist, wirst du verwirrt sein. Dein Mentalkörper wird denken: „Ich werde ihm das ausreden", dein Emotionalkörper wird fühlen: „Daran erinnere ich mich noch aus meiner Kindheit", und dein physischer Körper wird sagen: „Nichts wie weg hier!"

Wir sind Ariel sehr dankbar, daß er dem Planeten eine Technik zur Verfügung gestellt hat, die „Das vereinigte Chakra" heißt. In diesem Prozeß dehnst du buchstäblich dein Herzchakra aus, so daß es alle anderen Chakren umfaßt. Wie wir im zweiten Teil sehen werden, sind das vereinigte Chakra und die ausgerichteten Energiefelder sehr wichtig. Und zwar nicht nur zum Überleben, sondern als wesentliche Werkzeuge für den Aufstieg.

Auf einer Ebene bist du aus drei Feldern gemacht, wobei jedes Feld aus Energie zahlloser verschiedener

Frequenzen besteht. Jedes Feld trägt oder unterstützt Energie in bestimmten Frequenzen in stehenden Wellen und ist gleichzeitig Sender und Empfangsantenne.

Die Mischung der Energien und ihre relative Amplitude gehören ganz individuell zu dir und definieren zum größten Teil, wer du als Körper und als Persönlichkeit bist. Diese Mischung – oder Energiesignatur – gehört zu dir, so wie Klang oder Timbre ein bestimmtes Instrument einzigartig und unterscheidbar von allen anderen Instrumenten macht. Die Energien der Körper interagieren in unbeschreiblich komplexer Weise miteinander. Deine Gedanken beeinflussen deine physischen und emotionalen Felder, und deine Gefühle beeinflussen deine Gedanken und deinen physischen Körper.

Weiter oben haben wir gesagt, daß deine Felder mit zwei anderen Arten von Feldern resonieren: den Feldern der Leute um dich herum und den Feldern der gemeinsam vereinbarten irdischen Realität. Jede Person, der du begegnest, strahlt ihr eigenes Energiefeld aus. Angenommen, du gehst eines Tages in die Stadt. Du fühlst dich gut und frei von Angst und bist in die Welt verliebt. Da begegnest du einem alten Freund, der gerade seine Arbeit verloren hat und sehr besorgt und/oder wütend ist. Was wird passieren, wenn eure Felder an der Straßenecke aufeinandertreffen?

Der Emotionalkörper deines Freundes sendet Angst aus, sein Mentalkörper sendet negative Gedankenmuster aus, und deine Felder fangen sie auf. All deine Energie in der Angstfrequenz beginnt zu summen, und eine stehende Welle bildet sich. Auch du überträgst in die Felder deines Freundes, und vielleicht beginnt etwas Energie höherer Frequenzen in ihm zu resonieren. Das Ergebnis wäre offen, doch zum Glück weißt du über dieses Thema Bescheid. Du bist *nicht* verantwortlich dafür, was sich in den Feldern deines Freundes abspielt, obgleich du weißt, was los ist. Aber du bist absolut verantwortlich dafür, was in deinen Feldern passiert. Einen schlechtgelaunten Freund zu treffen und selbst schlecht

55

gelaunt zu werden, hat nichts mit Meisterschaft zu tun (ausgenommen natürlich, wenn du einmal wieder richtig weinen willst, um Trauer aus deinen Zellen loslassen zu können). Wenn du Resonanz in deinen Feldern zuläßt, bist du selbst dafür verantwortlich. Der zweite Teil dieses Buches enthält einige Tricks, wie man stehende Wellen in anderen herausfinden und sich selbst vor ihrer Wirkung schützen kann.

Mit Situationen dieser Art umzugehen ist relativ leicht. Anders verhält es sich mit der allgemeinen planetarischen Realität, denn in sie bist du völlig eingetaucht, so wie ein Fisch ins Wasser. Luft bemerkst du nur, wenn sie neblig oder schmutzig ist. Das Feld, das die allgemeine Realität enthält, ist aber wesentlich weniger augenscheinlich als Luft, denn du hast dein bisheriges Leben darin verbracht. Sie bildet eine ausgedehnte Sphäre um den Planeten, ähnlich wie die Luft, doch weit weniger nützlich.

Jedesmal, wenn du ein- oder ausatmest, tauscht du Luft aus, die du mit jedem anderen Lebewesen auf der Erde teilst. Jedesmal, wenn du einen Gedanken denkst oder eine Emotion fühlst, tauschst du Energie mit der allgemeinen Realität aus. Und dabei mußt du gar nichts tun. Selbst wenn du ruhig zu Hause sitzt, gehst du völlig darin auf, genau wie die Radiowellen aller Sender deinen Körper in diesem Moment durchfluten. Und ich warne dich: Die neunziger Jahre werden heftig sein. Jeder wird sich in das Klären der eigenen Felder und das Auflösen von Karma stürzen. Es ist also nicht ratsam, dich in den „allgemeinen Kanal" einzuklinken, denn er zeigt nur Horrorfilme.

Es ist auch eine hervorragende Idee, sehr wählerisch mit Zeitungen zu sein und die Gewohnheit abzulegen, Nachrichten zu schauen. Wenn du nicht mehr den Unterschied zwischen einem Krimi und den Nachrichten erkennen kannst, ist es Zeit, abzuschalten. Die Nachrichten werden immer bizarrer, da die Leute danach verlangen, von anderen zu hören, denen es noch schlechter geht.

Damit will ich nicht sagen, daß du anderen Menschen gegenüber herzlos oder dickfellig werden sollst, wenn sie die Hauptrolle in ihren eigenen Horrorfilmen spielen, die sie ihr Leben nennen. Doch wenn sie fest daran glauben, selbst nur Opfer in einem willkürlichen Universum zu sein, und überzeugt sind, daß es nur eine Frage der Zeit ist, bis ein Flugzeug auf ihr Dach stürzt oder ein außer Kontrolle geratener Autobus auf ihr Haus prallt, dann erschaffen sie sich damit eine Realität, mit der du nichts zu tun haben willst. Sehr bald wirst du feststellen, daß du mit solchen Leuten keine Resonanz mehr hast und daß es dich in die Gesellschaft anderer Meister zieht.

Wenn du akzeptierst, daß das Universum wohlwollend ist und daß dein Geist-Selbst existiert, um dir beim Aufstieg zu helfen, dann wirst du nicht von der „Bin ich der nächste?"-Energie der Allgemeinheit überrollt werden. Es sei nochmals erwähnt, daß der zweite Teil einige Tricks enthält, mit denen man sich der klebrigen allgemeinen Realität entziehen und sich mit der herrlichen Realität verbinden kann, in der sich der GEIST auf deinem Planeten manifestiert.

Der Planet Erde ist in seiner Dichte und in der Abtrennung vom GEIST, die die Persönlichkeit wahrnimmt, einzigartig. Nirgendwo sonst, auf keinem anderen Planeten, hat die Verdichtung und die Trennung vom Geist so tiefgreifend stattgefunden wie auf der Erde. Ihr habt kollektiv ein sehr mutiges Experiment gestartet, um zu sehen, wie weit ihr euch von der Quelle entfernen könnt. Die gute Neuigkeit aber ist, daß das Experiment ein voller Erfolg war und nun vorbei ist. Es ist Zeit, die Apparate abzubauen und nach Hause zu gehen. Laßt uns einmal einen Blick darauf werfen, wie alles angefangen hat. Wie ist das alles nur passiert?

4

DIE HERKUNFT DER SPEZIES

Ich sagte bereits – und das ist die vielleicht wichtigste Aussage in diesem Buch –, daß deine wahre Natur GEIST ist. Das „Du", das du als dein „Du" kennst, ist nur eines von vielen „Dus", die über die Zeit hinweg und an verschiedenen Orten auf diesem und auf anderen Planeten, in diesem und in anderen Universen projiziert sind. Dies soll dich in deiner Wahrnehmung keinesfalls herabsetzen. Im Gegenteil. Du bist ein herrlicher Ausdruck der Quelle, ein ungeheures multidimensionales Wesen, das du in hervorragender Weise mit viel Liebe selbst geformt hast, um die Möglichkeit zu besitzen, deine Geist-Funktion auszuüben. Nirgendwo, auf keinem Planeten, in keinem Universum, hat solch eine Schöpfung wie du je existiert. Und das Wissen, daß du Teil einer größeren Unternehmung bist, kann dein Gefühl für die Bedeutung deines Lebens unermeßlich erhöhen.

Dieses ehrfurchtgebietende Wesen, das du wirklich bist, hat sich aus einem ganz bestimmten Grund entschieden, in diese aufregende Phase der irdischen Geschichte zu inkarnieren. Das Resultat davon ist natürlich das „Du", dessen du dir bewußt bist. Halte niemals den hier und jetzt fokussierten leuchtenden Bewußtseinspunkt, der du bist, für selbstverständlich. Wenn du nur die kleinste Vorstellung von den Prozessen hättest, die es möglich machen, daß du existierst, würdest du Ehrfurcht vor deiner eigenen Kraft haben. Bitte betrachte dich also als GEIST, der eine menschliche Erfahrung macht.

Du fragst dich vielleicht: „Wenn ich wirklich dieses ungeheure Wesen bin, wie kommt es dann, daß ich nichts davon weiß und nichts davon spüre?" Nun, höre einfach für einen Moment mit dem Lesen auf und versuche, dein größeres Selbst als übergeordnete und unaufhaltsame Kraft zu erspüren, die sich wie ein ungeheurer Energiekeil in diese dreidimensionale Realität zwängt und dein „Du" hervorbringt. Versuche, die ungeheure energetische Kraft zu spüren, die hinter dir steht. Diese Kraft mag für deinen Verstand nicht faßbar sein, doch sie manifestiert sich in vollkommener Klarheit in deinem Körper, deinen Emotionen und deinem Verstand.

Wenn du sie nicht spürst, dann stell sie dir so gut wie möglich vor, und dein Geist-Selbst wird deine Vorstellungskraft mit Bildern, Gefühlen oder direktem Wissen erfüllen. (Das tut es sowieso die ganze Zeit.) Und bitte glaube nicht einfach nur an diese Kraft. Glaube ist der plötzliche Tod deiner Suche nach Wahrheit. Sobald du glaubst, hörst du auf zu suchen. Wenn du skeptisch bist, gut! Suche weiter, bis du dein wahres Selbst gefunden hast. Du bist da und wartest auf dich.

Aber nun zurück zu der Frage: „Wie kommt es nur, daß ich nichts über dieses Geist-Selbst weiß, das ich angeblich bin?" Zur Beantwortung müssen wir etwas ausholen.

Vor langer Zeit, bevor die Geschichte (wie du sie wahrnimmst) begann, entschloß sich eine Gruppe nichtphysischer Wesen (jedes von ihnen eine ungeheure Wesenheit), einen Planeten zu kolonialisieren, um im Namen der Quelle Forschung zu betreiben. Eines der Wesen erklärte sich bereit, als Bewußtsein des Planeten zu dienen. Die Gruppe half ihm, seine Energie systematisch durch die Dimensionen hindurch zu verdichten. In der Zwischenzeit erdachten andere die Blaupausen für die verschiedenen Lebensformen, die den Planeten bewohnen sollten. Diese Blaupausen wurden als chemischer Code in der DNS niedergelegt. Und nach Äonen, in denen die Frequenz immer weiter verringert wurde, sprengte das planetarische Bewußtsein durch eine Energiegrenze und erreichte die feste Form, die du heute als Planet Erde kennst.

Über ungeheure Zeitperioden fuhren diese Wesen damit fort, niederfrequente Projektionen von sich selbst zu erschaffen, die aber immer noch weit davon entfernt waren, physisch zu sein. Diese Projektionen begannen langsam, mit Formen ihrer selbst zu experimentieren, deren Frequenz noch niedriger war. Hellsichtige würden sie Formen der fünften oder vierten Dimension nennen. Über weitere Äonen hast du – als eins dieser Wesen – weiter mit der DNS experimentiert und Energie zu stehenden Wellen verdichtet, um „Lichtkörper" zu erschaffen. Und zuletzt, durch eine großartige, kreative Tat, konntest du die Barriere überwinden und die physische Struktur subatomarer Partikel, der Atome und Moleküle in einer Energiehülle aus stehenden Wellen bilden. Du konntest diese Formen durch deine Willenskraft auflösen und neue projizieren. So spieltest du lange Zeit, ohne jedoch mit deinen zunehmend physischeren Manifestationen identifiziert zu sein. Du wußtest immer, daß diese Ätherkörper nur Energiefelder waren, die du erschaffen und in die du aus Spaß Energie gestrahlt hattest. Nachdem du dein Projekt weiter vorangetrieben hattest, wurden diese projizierten Formen etwas sichtbarer (wie du heute sagen würdest), doch es gab noch keine allgemeingültige Form.

Um weiter experimentieren zu können, unternahmst du einen sehr mutigen Schritt: Du projiziertest dein eigenes Bewußtsein in diese Formen. Dies ermöglichte dir, mit dir selbst unter völlig neuen Bedingungen zu interagieren, was in den höherfrequenten Ebenen unmöglich gewesen wäre, da dort nur Einheit ist. Du erlaubtest deinem Bewußtsein, sich immer länger in diesen sich weiter verdichtenden Formen aufzuhalten. Das Bewußtsein hatte nun zwei Referenzpunkte: einen in der fünften Dimension und einen auf der physischen Ebene, und in jeder der beiden Formen warst du dir selbst völlig bewußt, und zwischen ihnen gab es keine Wahrnehmung von Trennung.

Dieses Vergnügen der Selbstentdeckung machte viel Spaß. Es wurden neue Arten von Energiefeldern ausprobiert. Zum Beispiel schufst du verschiedene Felder, um Gedanken und Gefühle getrennt zu projizieren, und, am wichtigsten, du gabst deinen Feldern größtmögliche Autonomie: die Freiheit, selbständige Wesenheiten zu sein. Diese Spaltung in zwei gleichzeitige Referenzpunkte war der entscheidende Wendepunkt in dieser Geschichte. (Wir haben bereits einen Punkt erreicht, der nur Hunderttausende von Jahren her ist.) Das Bewußtsein in jeder dieser autonomen Formen war sich immer noch seiner Geist-Natur bewußt, und Getrenntheit existierte nicht einmal als Gedankenform, da der mentale Aufbau noch fehlte. An diesem Punkt war die Erde buchstäblich der biblische Garten Eden. Das Konzept Tod war noch nicht realisiert, denn wenn dich eine Form langweilte, dematerialisiertest du sie einfach. Du zogst dein Bewußtsein in die Frequenz der fünften Dimension zurück und projiziertest eine neue Form. Irgendwann gingst du von reiner Energieprojektion zur physischen Geburt über und kamst mit anderen überein, der Spezies, deren Form sich rapide verdichtete, eine grundsätzliche Körpererscheinung zu geben. Eure Legenden sind voll von uralten Erinnerungen an einige der Arten und Formen, die vor der „Standardisierung" existierten.

Über Tausende von Jahren wurdest du – als GEIST – von der Intensität der Sinneswahrnehmungen, die diesen nun physischen Formen möglich war, immer faszinierter, und deine Emotional- und Mentalfelder zentrierten sich mehr in den unteren Feldern als im Geist-Feld. Die Intensität und Reichhaltigkeit emotionaler Erfahrungen war total fesselnd, und die Sinneswahrnehmungen, die du in der dichten Form hattest, waren sehr verführerisch. Von diesem Punkt an kennst du die Geschichte: die Geburt des Ego. Ursprünglich war eure Absicht, daß das äußere Ego-Selbst im Auftrag eures geistorientierten Selbst eine Informationen sammelnde Schnittstelle zur physischen Ebene ist, während das

Geist-Selbst weiterhin die Entscheidungen treffen sollte, was real und was in einem bestimmten Moment zu tun ist. Aber im Laufe dieses Experiments bildete das nach außen blickende Ego seine eigenen Ansichten über die Realität und orientierte sich immer weniger an dem nach innen schauenden Geist-Selbst. Das äußere Ego wurde stärker, und seine Identität wandelte sich von einem inneren Seinszustand zu einem äußeren Seinszustand. Als Ergebnis hiervon begann das Ego, seine Wahrnehmungen als gut und schlecht zu bewerten, je nachdem, wie die damit verbundenen körperlichen Empfindungen waren. Dadurch wurde das nach innen schauende Selbst mit vorverdauten Informationen gefüttert.

Als das Ego-Selbst sich mehr auf das physische Feld fokussierte, schwand seine emotionale und mentale Empfänglichkeit gegenüber dem Geist-Feld. Die einst simultanen Referenzpunkte des Bewußtseins wurden zu zwei getrennten Bewußtseinspunkten, wobei der niederfrequente, physisch orientierte Punkt seine Sicht auf den spirituell orientierten Punkt verlor. Während der nächsten Jahrtausende klaffte die Wahrnehmung so weit auseinander, daß der physische Punkt die Existenz des höheren bezweifelte oder ihn bestenfalls nach außen projizierte und als getrenntes Wesen wahrnahm. So wurde die Wahrnehmung, wer du selbst bist, aufgespalten, und da die Menschheit sich nicht mehr mit den ungeheuren, multidimensionalen Wesen als Teil von sich selbst in Beziehung setzen konnte, wurde das Konzept der Götter erschaffen. Die einzige Möglichkeit, in Einklang zu kommen mit den inneren Stimmen, den Impulsen vom GEIST und der Erinnerung, weit mehr zu sein als ein beschränktes menschliches Wesen, war, die eigene ungeheure, kraftvolle und liebende Natur auf Wesen zu projizieren, die zu diesem Zweck geschaffen wurden. Ihr als Menschen bekamt weiterhin Botschaften und fühltet die Liebe eures inneren Geist-Selbst, doch ihr erklärtet, daß sie von euren externen Göttern kämen.

62

Um den Keil nun ganz zwischen den GEIST und die Persönlichkeit zu treiben, erfandet ihr einen großartigen Schleier: die Scham. Durch den Einbau der Schwingung der Scham in eure Körperzellen konntet ihr den letzten Schritt in der Wahrnehmung der Trennung erreichen. So wurde das geistige Wesen, als das ihr euch selbst gekannt hattet, zu einem Phantom, das sich im Lichte der neuen Realität leicht vertreiben ließ.

Von da an nahmst du dich selbst als Persönlichkeit wahr. Und da du völlig vergessen hattest, jemals in der Einheit gewesen zu sein, wußtest du nicht einmal, daß du vom Geist abgeschnitten bist. Du übertrugst den ungeheuren, heroischen Teil von dir selbst auf eine Gottheit, die du selbst geschaffen hattest. Die Scham stellte nun sicher, daß du dich in den Augen der selbstgeschaffenen Gottheit als unwürdig ansahst. So gingst du allmählich in die Trennung hinein – isoliert in einem Sack aus Haut, in ein Universum blickend, das du nicht mehr verstandest, in Zeit und Raum gefangen, mit dem Tod als einziger Möglichkeit zu entkommen. Alles, was du hattest, um mit dieser Situation umzugehen, war eine Reihe angelernter Reaktionen, die „Persönlichkeit" genannt wurden.

Bitte erinnere dich daran, daß dies von Anfang an geplant war und daß du, als Teil einer Gruppe von Wesenheiten, die dieses Experiment entworfen hatten, ausprobieren wolltest, wie weit du deine Wahrnehmung von deiner eigentlichen Natur – reinem GEIST – isolieren konntest. Enormer Einfallsreichtum war nötig, um die Schleier zu kreieren, die die Dimensionen voneinander trennen, damit du inkarnieren konntest, ohne dich zu erinnern, wer du wirklich bist. Als Teil dieser Verschleierung trafen eure kollektiven Geistfunktionen eine Entscheidung, die jede Inkarnation der folgenden zweihunderttausend Jahre beeinflussen und die Natur, den Sinn und den Inhalt menschlichen Lebens auf diesem Planeten völlig verändern sollte. Ihr erfandet Karma.

Karma

Der primäre Drang der Quelle ist es, mehr über sich selbst herauszufinden. Dies ist der Grund, warum alles existiert. Die Quelle weiß, daß ihre Natur völlige Harmonie in sich selbst ist – das heißt, die Quelle liebt sich selbst. Um diese Liebe näher zu erforschen, braucht sie einen Referenzpunkt außerhalb von sich selbst. Sie muß danebenstehen, sich selbst anschauen und diese Liebe für sich selbst erfahren können. Und dies funktioniert am besten, wenn sich der Teil, der schaut, für getrennt vom Ganzen hält und das Ganze trotzdem so liebt, als wäre er nicht getrennt von ihm. Du dachtest dir, daß es die größte Freude sein müßte, wenn ein Teil deiner selbst, der sich als abgetrennt empfindet, dazu kommen würde, das Ganze aus eigenem Entschluß zu lieben. Also trafst du den Entschluß, mit den getrennten Referenzpunkten weiterzumachen, obwohl du auch das potentielle Risiko für die Spezies erkanntest.

Deine Gruppe führte ein erstaunliches Experiment durch. Es war sehr mutig und ganz sicher absolut einzigartig im Universum. Ihr traft die Entscheidung, alle Erinnerung und das Gefühl der intimen Einheit mit der Quelle aus euren jetzt autonom gewordenen Projektionen zu löschen. Bei der Geburt sollte sich ein Vorhang zwischen Bewußtsein und GEIST senken, damit das Neugeborene seine wahre Natur vergessen konnte. Das „Du", das gerade diese Zeilen liest, unterzog sich also freiwillig dieser Amnesie bei der Geburt. Um zu sehen, ob es deinem Ego-Selbst gelänge, seine wahre Natur während der Anwesenheit auf der physischen Ebene wiederzuentdecken, löschtest du alle oder die meisten Erinnerungen an deine Geist-Natur bei der Geburt. Oder würdest du die physische Ebene in Unwissenheit verlassen, um dich dann voller Überraschung mit deinem Geist-Selbst wiederzuvereinigen? Und wie würdest du andere deiner Art behandeln? Würdest du den Geist in ihnen und dem Planeten bemerken und voller Freude verehren, oder würdest du so von deiner wahren Natur abgeschnitten sein, daß du den Geist in anderen verneinst? Wenn ja, würdest du sie für gefährlich halten und ihnen etwas antun?

Um Interaktionen dieser Art zu steuern, wurden bestimmte Regeln aufgestellt. Jeder Austausch zwischen zwei inkarnierten Wesen – sei es eine Handlung aus Hilfsbereitschaft oder voller Grausamkeit – mußte ausgeglichen werden, entweder zwischen ihnen selbst oder zwischen anderen inkarnierten Wesen desselben Geist-Selbst. Dieser Ausgleich wird das Gesetz des Karmas genannt.

Bitte erinnere dich daran, daß nicht die Quelle euch diesen Aspekt des Spiels aufzwang und daß keiner Buch über den „Spielstand" führt. Du und deine Mitschöpfer brachten diese Regel ein. Der Begriff Karma ist aufgrund eines Mißverständnisses heutzutage vielen suspekt. Das Gesetz, daß eine grausame Tat von einer anderen kompensiert werden muß, ist eine sehr beschränkte, dreidimensionale Interpretation von Karma. Grausamkeit kann genausogut durch Hilfsbereitschaft oder durch Verzeihen seitens des sogenannten Opfers ausgeglichen werden. Du hofftest, daß deine Inkarnationen mit Hilfe der aus dem Karma gewonnenen Hinweise irgendwann herausfinden würden, was wirklich los ist, und so die Amnesie überwinden und endlich den Punkt bedingungsloser Akzeptanz und Liebe für die anderen unter der Amnesie Leidenden erreichen würden.

Nebenbei bemerkt: Erinnere dich daran, daß dein Geist-Selbst in simultaner Zeit arbeitet, so daß eine karmische Situation zwischen dir und einer anderen Person auch in einem – wie du es wahrnehmen würdest – früheren Leben ausgeglichen werden kann.

Der ganze Grund, warum das System des Karmas eingeführt wurde, ist, daß sich damit sehr intensive emotionale Situationen erschaffen lassen, die zeigen, wie du (das Ego-Selbst) auf der physischen Ebene reagierst. Wirst du töten, stehlen und aus Angst heraus kämpfen? Oder wirst du Liebe, Hilfsbereitschaft und Vergebung ausdrücken und den Geist in den anderen erkennen?

Natürlich muß die Amnesie bei der Geburt in den meisten Fällen total sein, jedoch enthält jedes Leben das Potential, zur wahren Natur zu erwachen. Eine spontane Realisation dieser Natur – sowie die Welle bedingungsloser Liebe, die automatisch darauf folgt – erlaubt dir, dem Spieler in diesem kosmischen Versteckspiel, plötzlich den Versteckten zu finden und dir bewußt zu werden, daß du es selbst bist.

Das Gesetz der Gnade

Was ich eben beschrieben habe, ist das Spiel, wie es bis jetzt war. Dein Geist-Selbst ist nun mit allen anderen übereingekommen, daß keine weiteren Karma-Lektionen nötig sind. Da der Planet auf einer „Schnellspur" in Richtung Aufstieg ist, müssen wir die Sache schnell abschließen. Es kann kein karmisches Ungleichgewicht mehr geschaffen werden, und bestehendes Ungleichgewicht kannst du entweder als gegenstandslos betrachten oder schnell abarbeiten. Du wirst in den nächsten Jahren einen dramatischen Anstieg an Gewalt beobachten können, da alle das noch verbliebene Ungleichgewicht abschütteln wollen.

Ich hoffe, du kannst nun sehen, warum dein Geist-Selbst dein Ego-Selbst im Dunkeln gelassen hat. Du hast es dir buchstäblich selbst angetan, um die Gelegenheit zu haben, deine wahre Natur und die wahre Natur der anderen aus den verstreuten Hinweisen herauszufinden und die Quelle in allen Dingen zu sehen. Um euch alle bei diesem Prozeß zu unterstützen und die Sache zu beschleunigen, habt ihr kollektiv den Gnaden-Elohim gebeten, seine Energie auf die Erde zu bringen. Diese Energie ermöglicht euch, alle alte Energie aus euren Feldern zu schütteln und alle alten karmischen Absprachen aufzulösen.

Die Energie der Gnade löscht alles Karma, und im zweiten Teil werden wir einige Anrufungen ausprobieren, die diesen Prozeß beschleunigen können.

Und was ist mit Darwin?

Vieles in diesem Kapitel steht im Widerspruch zu den Theorien über die Evolution – zum Beispiel die Herkunft des Menschen aus dem Urschlamm. Na und? Das war vor hundert Jahren und beruhte auf den fadenscheinigsten „Beweisen". Die Paläontologen haben versucht, anhand einiger Knochenreste das große Puzzlebild der Schöpfung zusammenzusetzen. Die Geschichte der Herkunft der Spezies ist keine lineare Entwicklung von unten nach oben, sondern eine nichtlineare Verdichtung von oben nach unten. Dein Geist-Selbst hatte Besseres zu tun, als das Herauskriechen von Dingen aus dem Meer zu überwachen, und sicherzustellen, daß sie Lungen, Arme, Beine und schließlich genügend Bewußtsein entwickelten, um sich in Verbindung mit ihren Schöpfern zu setzen. Und falls die Spezies ihr eigenes Geist-Selbst im Laufe der Evolution selbst entwickelt hat, wie einige glauben, warum versuchst du dann, wieder damit in Kontakt zu kommen? Es gäbe doch gar nichts zu finden.

Und frage dich schließlich selbst, ob es überhaupt möglich sein kann, daß etwas aus dem Ozean kriecht und ein strahlendes Bewußtsein entwickelt, das sich wieder zurückwendet, um seine eigene Natur und Herkunft zu erforschen. Nein, mein Freund. Die Menschheit wurde vom Bewußtsein entwickelt und nicht umgekehrt. Du bist GEIST im Fleisch. Du bist nicht aus dem Schlamm gekrochen, sondern aus dem GEIST herabgestiegen. Du hast dich so lange verdichtet, bis du dir des GEISTES nicht mehr bewußt warst, und hast die letzten Jahrtausende damit verbracht, diese Bewußtheit wiederzuerlangen. Der GEIST hat niemals vergessen. Den Rückweg gibt es immer noch, nur daß er jetzt aus einem Hochgeschwindigkeits-Aufzug besteht!

Erspüre diese Wahrheit in dir selbst. Was fühlt sich eher wahr für dich an? Die Evolution aus einer Ursuppe, bei der du ganz nebenbei Bewußtsein aufgeschnappt hast, so daß du dir jetzt sagen kannst, daß Leben doch irgendwie mehr sein müßte, als Nachfahre eines Urtierchens zu sein? Oder als Geist begonnen und an einem Experiment teilgenommen zu haben, in dem es darum ging, die Frequenz zu verringern, und dabei zu wissen, daß es für den Erfolg des Experiments nötig war, die Erinnerung an deine wahre Natur als GEIST zu vergessen?

Angenommen, du bist sehr reich und lebst in einem großen, feinen Haus und würdest dich fragen, wie es ist, ein Indianer am Amazonas zu sein. Du könntest eine Expedition machen und für eine Weile bei ihnen leben. Doch du würdest wissen, daß du dir etwas vormachst. Deswegen läßt du dich hypnotisieren und deine Erinnerungen durch die eines Eingeborenen ersetzen. Nun lebst du völlig in ihrer Realität und bist dir nur bewußt, ein Mitglied des Stammes zu sein. Nach ein paar Jahren wirst du von einer Gruppe Psychologen entführt. Sie stellen dein Erinnerungsvermögen wieder her und bringen dich in dein schönes Haus zurück. Nun weißt du wirklich, wie das Leben im Dschungel ist! Du hast mit dem Stamm gegessen, geschlafen, gejagt und gelebt. Da draußen im Dschungel hattest du vielleicht einige vage Erinnerungen an ein anderes Leben, ein Leben, in dem es nicht nötig war, dein Abendessen zu töten, bevor es dich tötet; ein Leben, in dem es etwas zivilisierter zuging und das reine physische Überleben nicht das Hauptthema war.

Dank deines äußeren Ego-Selbst weißt du als Geist nun, was das Leben auf der physischen Ebene bedeutet. Aber du steckst jetzt im Spiel fest. Falls du eine vage Erinnerung an eine andere Lebensweise hast oder nur das Gefühl, daß noch mehr hinter dem Leben sein muß, obwohl du es noch nicht greifen kannst, dann erwachst du langsam zu der Tatsache, daß du diese ganzen Jahre im Dschungel der physischen Realität gelebt hast und von der erstaunlich realistischen Szenerie völlig hypnotisiert worden bist.

Der Kinofilm *Total Recall* zeigt uns ein gutes Modell, wie eine zukünftige Zivilisation Technologie benutzt, um eine Abfolge von Erinnerungen, zum Beispiel an einen Urlaub, einzupflanzen. Nach einer Behandlung wärst du dir sicher, daß der Urlaub real war, denn du besitzt ja Erinnerungen daran. Denke einmal an deinen letzten Urlaub. Außer der Bräune und ein paar Fotos, die auch manipuliert sein könnten, existiert dieser Urlaub doch nur in deiner Erinnerung. Wäre es nicht möglich, daß du in einem Solarium warst und die Erinnerung an den Urlaub eingepflanzt bekamst? Nein. Natürlich nicht. Es war alles ganz real. War es doch ... oder?

Aber kann dieses ganze Wissen mehr in dir bewirken als ein lapidares „Na klar, ich hab's kapiert. Und was nun?" Wie hilft dir dieses Wissen, deine Felder wieder zu öffnen, dich wieder voll mit dem GEIST zu identifizieren und ihn auch zu verkörpern? Dies bringt uns nun zu dem Spiel, das Karma ersetzen wird: es wird Göttlicher Ausdruck genannt.

5

GÖTTLICHER AUSDRUCK: DAS FELD DES GEISTES

Im vorangegangenen Kapitel haben wir darüber gesprochen, wie du dich dorthin gebracht hast, wo du jetzt bist. Laß uns nun ein wenig näher hinschauen. Alles ist organisierte Energie, und selbst GEIST ist keine Ausnahme davon. Die Quelle ist bewußte, organisierte Energie, die allerdings jede Vorstellung übersteigt. In ihrem fortdauernden Spiel, sich selbst besser kennenzulernen, teilt sie sich auf. Diese Teile entsprechen ungeheuren Gedanken (oder Plänen für die Realität), und sie interagieren miteinander. Sie haben weder Namen noch Formen, die du erkennen könntest, doch sie sind sich bewußt, Teil der Quelle zu sein, und sie sind sich ihrer selbst als sie selbst bewußt.

Stelle dir viele Eimer voll Wasser vor, die in Wasser gehängt sind, und alles Wasser ist bewußt. Das Wasser in den Eimern weiß, daß es dauernd mit dem Wasser außerhalb der Eimer im Austausch steht. Und doch weiß es, daß es sich durch die Tatsache, Inhalt zu sein, von dem Wasser außerhalb der Eimer unterscheidet. Natürlich sind die Eimer nur ein Beispiel, doch sie sind eine gute Analogie zu den Feldern, die Energie halten. Das Wasser ist eine Analogie zur Energie, die die Felder erfüllt. Einige Felder sind riesig – zum Beispiel planetarische oder solare Felder –, und andere Felder sind vergleichsweise klein – wie das Feld eines Atoms. Doch alle Felder enthalten und nähren die Energie der Quelle.

Außer der Interaktion mit Feldern besitzt diese bewußte Energie noch ein anderes Merkmal: Frequenz. Denke an die Klaviatur. Alle individuellen Noten bestehen aus demselben Grundstoff: Schwingungen auf Drähten. Doch jede Note enthält ihre Harmonien und Unterharmonien (die Noten in derselben relativen Position in den höheren und niedrigeren Oktaven). Auf unbeschreibliche Weise teilt sich die Quelle in Energiegestalten, die um ihre eigene Einheit wissen und doch auch alle anderen Energiegestalten kennen, die das Ganze ausmachen.

Jede Energiegestalt erschafft harmonische Unterschwingungen ihrer selbst, die sich wiederum der harmonischen Unterschwingungen der anderen Gestalten bewußt sind. GEIST erkennt sich also in allen Frequenzen als reine, freudvolle und kreative Energie aus der Quelle.

Kraft seines Seins drückt der GEIST die Natur der Quelle durch die Felder aus, die er generiert, und durch die Energie, die er in diese Felder hineinstrahlt. Nimm zum Beispiel Ariel. Einige von euch kennen diese Energie als Erzengel. Ariel ist die Funktion, die verantwortlich für die Projektion des Feldes ist, das für die physische Ebene benötigt wird – das Feld, das für Energie leitfähig ist und das gebraucht wird, um die Energie zu unterstützen, wenn sie in die materielle Ebene durchbricht. An bestimmten Punkten des Feldes ist die Leitfähigkeit verstärkt und der Prozeß wirkungsvoller. Daraus resultiert physische Materie als sich versammelnde und gerinnende Energieeinheiten. In weniger leitfähigen Bereichen des Feldes geschieht dies nicht. Doch alles geschieht durch bewußte Absprachen. Raum ist also eine kollektive Gedankenform, an der ihr alle beteiligt seid. Doch diese Teilnahme an der Gedankenform „Raum" ist nur eine eurer vielen Funktionen. Und zu jeglichem Zeitpunkt ist die Energie, die diese Funktion ausübt, anders als noch einen Moment zuvor. Sie hat sich verändert, während du diesen Absatz gelesen hast.

Falls du Mary Jones heißt: Die Energie, die die Mary-Jones-Funktion ausführt, verändert sich ständig. Marys Funktion kann die Mutterschaft, die Pflege eines

Kranken oder eins von Millionen anderer Dinge sein, die der GEIST erforschen will. Das Thema, dem sich eine Funktion widmet, kann sich über viele Inkarnationen hinweg wiederholen und jedesmal aus einer leicht anderen Perspektive erfahren werden. So helfen die Mary-Jones-Funktionen der Quelle, mehr über sich selbst zu erfahren. Marys Persönlichkeit legt gemeinsam mit ihrem Geist-Selbst fest, wie bewußt sie dabei ihre eigene Natur als Teil der Quelle erkennt und ihre Nichtgetrenntheit mit allem um sich herum erfährt.

Es gibt also zwei Möglichkeiten, die Welt des GEISTES zu sehen. Erstens ist GEIST reine organisierte Energie, die sich ihrer selbst und ihrer Einheit völlig bewußt ist. In dieser Eigenschaft tut sie gar nichts. Sie ist. Zweitens sehen wir, daß GEIST bestimmte Funktionen ausübt, wie zum Beispiel die Mary-Jones-Funktion, die John-Funktion, die Saint-Germain-Funktion und natürlich die Serapis-Funktion. Die Energie, die diese Funktionen ausführt, ändert sich laufend. Die Menge an GEIST, die die Serapis-Funktion ausübt, verändert sich dauernd und versteht doch die Natur der Aufgabe und vermittelt den Eindruck von Konstanz und Kontinuität.

Funktionen haben verschiedene Zuständigkeitsbereiche. Die Serapis-Funktion ist relativ gut definiert und bildet eine größere Funktion, die die intellektuelle Klarheit unterstützt, die für einen planetarischen Aufstieg gebraucht wird. Verschiedene Ebenen des GEISTES üben verschiedene Ebenen dieser Funktion aus. Es ist ein gut orchestriertes Zusammenspiel. Zum Beispiel ist das Channel „Tony" die Ebene meiner Funktion, die diese Gedankenformen auf Papier bringt, und auf einer anderen Ebene gebe ich die Informationen dieses Buches in die Gitternetzstruktur des planetarischen Gruppengeistes, um sie für alle verfügbar zu machen.

Dieses Zusammenspiel besitzt übrigens keinen Dirigenten. Die Bewußtseinseinheiten, die dem Geist dienen, wissen ganz einfach, was vor sich geht, und blenden sich auf der passenden Ebene ein und „leihen" buchstäblich ihre Energie.

Der Grund dafür bringt uns zur Überschrift dieses Kapitels. GEIST besitzt den unerschütterlichen Impuls, zu erschaffen, zu erhalten, zu zerstören und wieder zu erschaffen, und sucht sich viele Möglichkeiten, dies zu tun. Einige Ebenen des GEISTES haben zum Beispiel die Neigung, intellektuelle Kreativität auszudrücken, während andere vielleicht lieber alte Glaubensstrukturen beseitigen, um dem Neuen den Weg zu bahnen. Zerstörung ist genauso kreativ wie Erschaffung – es ist nur eine Frage der Sichtweise.

GEIST will sich ausdrücken. Die Quelle kennt sich selbst durch ihre Kreativität. Dein inneres Geist-Selbst will sich durch dein äußeres Ego-Selbst ausdrücken. Ihr habt euch die drei niederen Energiekörper und eure Persönlichkeit erschaffen, um dem Ausdruck eine Arena zu bieten. Ihr packt fortlaufend Energie in diese Arena. Ihr habt euer Ego-Selbst in sorgfältig entworfene Situationen gesetzt (Elternhaus, Schule, Freundschaften), die das Ego bereits in sehr frühem Alter mit Glaubenssätzen imprägnierten. Ihr habt die Energiemixtur, die durch eure Felder läuft, sorgfältig zusammengestellt, und in einem gewissen Maße überlaßt ihr es eurem Ego-Selbst, damit umzugehen. Doch dies bedeutet nicht, daß Ego und Geist in irgendeiner Form getrennt wären. Du bist dein Geist-Selbst, genau wie du alles andere bist. Du drückst es mit jedem Gedanken, mit jedem Wort und mit jeder Tat aus. Wenn du aus Liebe heraus handelst, erlaubst du dem GEIST, ungehindert durch dich zu fließen. Wenn du aus Angst heraus handelst (in Form von Haß, Eifersucht, Gier usw.), unterbrichst du den Fluß der Liebe aus dem GEIST. Die einzige Grenze zwischen Ego und GEIST ist Angst. Angst schneidet das Ego vom GEIST ab, und indem du, das Ego-Selbst, mehr über deine wahre Natur erfährst, wird dieses Wissen die Angst beseitigen. Wenn du deine Angst losläßt, erlaubst du dir, emotional und intellektuell offener für den GEIST zu werden, und dies wird mehr Liebe zulassen. In diesem Universum ist die Hauptwährung das Gefühl der Liebe. Sie wird immer einen Zugang finden, und wenn

73

sie einfließt, löst sie dabei Angst auf, was noch mehr Liebe einfließen läßt.

Der Geist drückt sich also durch das Ego, das Ich, aus, das bewußte Kenntnis von sich hat. Du, das Ego-Selbst, bist der Kanal auf der physischen Ebene für dein größeres Geist-Selbst. Du bist seine Augen, Ohren und Hände. Dein Ego-Selbst geht mit den Ereignissen um und entscheidet, was in jeder Situation zu tun ist, doch du als Ego und GEIST entscheidest, welche Ereignisse überhaupt stattfinden. Wie kannst du wissen, was zu erwarten ist? Was wird die nächste Stunde bringen?

Um diese Dinge zu wissen, könntest du deinen bewußten Fokus bis zu deinem Geist-Selbst erweitern. Ich empfehle nicht, den Fokus ganz von der physischen Ebene wegzulenken, denn dies würde den Teil von dir negieren, der hier inkarniert ist. Doch ich empfehle dir, des Inhalts deiner drei niedrigeren Felder bewußt zu werden, sozusagen als Vorspiel zur Identifikation mit dem Geist und zur Verkörperung des GEISTES in deinen niedrigeren Feldern.

Das Feld des GEISTES ist also ein weiteres Feld, das über den drei anderen liegt, die wir bereits besprochen haben. Du lebst im GEIST-Feld, doch da GEIST nicht durch Raum oder Zeit begrenzt ist, ist es nicht nur um dich herum aufgebaut wie die niedrigeren Felder. Dieser Aspekt von dir ist überall. Er steuert deine anderen Felder und drückt sich durch sie aus. Daher bist du nicht nur deine Persönlichkeit oder deine äußere Ego-Wahrnehmung. Du bist viel, viel mehr. Der zweite Teil zeigt Möglichkeiten, wie du diese größere Identität zurückfordern und zu dem erwachen kannst, was du wirklich bist. Doch laß uns zuerst den ersten Teil beenden, indem wir uns drei vorherrschende und lästige Mythen anschauen, die die allgemeine Realität durchdringen: die Mythen über Liebe, Wahrheit und Macht.

6

DREI GROSSE MYTHEN: LIEBE, WAHRHEIT UND MACHT

Ein Nachteil im Verneinen deines spirituellen Teils liegt darin, daß du keinen Nutzen aus seiner größeren Perspektive zu ziehen vermagst. Als Folge können Störungen und Verzerrungen in den Alltagsangelegenheiten entstehen. (Was übrigens schon seit Jahrtausenden tatsächlich der Fall ist.) Sie verleiten dich zu Fehlinterpretationen in den Schlüsselaspekten deines Lebens. Früher war es ganz in Ordnung, in Unwissenheit zu leben, denn hättet ihr mehr gewußt, wäre das „Spiel" gefährdet gewesen. Ein Teil des Experiments, das ihr ja auf diesem Planeten selbst begonnen habt, wäre ungültig gemacht worden. Doch jetzt ist es Zeit, den Schleier zu lüften. Ich werde nun drei große Mythen ansprechen: Liebe, Wahrheit und Macht.

Der Mythos der Liebe

Der große Mythos über die Liebe ist, daß du etwas oder jemanden oder auch dich selbst lieben kannst. Falsch! Keiner kann einen anderen lieben! Du kannst nicht dich selbst lieben! Warum nicht? Weil Liebe kein „Tun" ist, sondern ein „Zulassen".

Die ureigenste Energie, aus der dieses Universum aufgebaut ist, ist mit einer bestimmten Eigenschaft ausgestattet: der Freude am Sein, der Akzeptanz, daß alle Dinge eine Daseinsberechtigung besitzen, und dem Vergnügen an allen Dingen, die ihr Dasein genießen. Alle Wesen stammen aus der Quelle und besitzen das

75

göttliche Recht, ihre Göttlichkeit zu erfahren und auszudrücken. Alle Wesen haben das Recht, den Ausdruck der anderen zu genießen, denn in Wirklichkeit sind ja alle Wesen eins. Sie sind nur schlau getarnt, damit sie getrennt aussehen.

Diese Freude und Lust an deinem eigenen Ausdruck und an dem Ausdruck der anderen zuzulassen, ist eine wundervolle Erfahrung. Sie ist das, was ich „Liebe" nenne. Du kannst Freude oder Lust jedoch nicht „tun". Du kannst nur zulassen, daß sie durch dich fließen. Und Liebe ist nicht davon abhängig, was andere Wesen gerade tun, sondern basiert auf dem Wissen und der Erfahrung, daß diese Wesen göttlich sind. Wenn jemand, den du kennst, schlechte Laune hat, drückt er damit seine Göttlichkeit aus, obwohl dieser Ausdruck der Göttlichkeit nicht besonders attraktiv für dich ist.

Liebe ist also nichts, was du tust. Sie ist eine Reaktion in dir auf eine bestimmte Energiefrequenz, die in dich, durch dich und um dich herum fließt. Viele Dinge können dich unempfänglich für die subtile Energie der Liebe machen. Angst, zum Beispiel, wird dich davon abhalten, Liebe zu spüren, und wird die wenige Liebe stören, die du fühlen kannst. Angst ist nicht das Gegenteil von Liebe. Sie ist die Hüterin des Tores und will dir nicht erlauben, die hohen Frequenzen in deinen Feldern zu spüren. Auch in deinem Glaubenssystem und deinen Meinungen über die Realität ist Angst eingeschlossen, die aber mit der Realität selbst nichts zu tun hat.

Liebe ist, dir selbst zu erlauben, diese Energie zu spüren, und zu erfahren, wie sie mit dir, mit anderen und mit dem Universum in Beziehung steht. Sie beginnt mit der Akzeptanz deines Rechts zu sein sowie des Rechts der anderen zu sein. Diese Akzeptanz entwickelt sich zu einer Wertschätzung der Eigenschaften und Gaben, die du selbst und die die anderen besitzen. Und daraus entwickeln sich die Freude und Faszination an dir selbst und an anderen.

Wie kannst du nun zulassen, daß dies passiert? Beginne damit, die Ängste loszulassen, die dir suggerieren, vom GEIST getrennt zu sein, nicht mit dem Leben umgehen zu können oder schlechter (oder besser) als andere Menschen zu sein. Sobald du dich und andere als ungeheure multidimensionale Wesen sehen kannst, die in kleine Körper gezwängt sind, fallen diese Ängste von alleine ab. Es ist nicht einfach. Du schwimmst in einer dicken Suppe aus Angst, die „allgemeine Realität" genannt wird. Doch wie wir später sehen werden, handelt es sich dabei nur um Meinungen, die die Menschen von der Realität haben. Sie hat nichts mit der Wahrheit zu tun. Du selbst hast deine allgemeine Realität über Jahrtausende hinweg aufgebaut, und sie hat dir im Spiel der Getrenntheit auch sehr gute Dienste erwiesen.

Die tiefsitzenden Ängste, die die meisten Leute in ihren Feldern mit sich herumschleppen, verhindern, daß sie Liebe von Angst unterscheiden können. Was du Liebe nennst, ist eigentlich ein manipulativer Austausch von Aufmerksamkeit und Zuneigung. Menschen, die sich selbst nicht lieben können oder wollen (also ihre eigene Göttlichkeit nicht sehen), suchen verzweifelt nach jemand anderem, der ihnen ein Gefühl von Sicherheit geben kann. Wenn diese Sicherheit aber bedroht wird, greifen diese Menschen auf emotionale Erpressung und Kontrolle durch Entzug von Zuneigung zurück. Und das alles im Namen der Liebe.

Wenn du jemanden zu einer anderen Person sagen hörst: „Ich liebe dich", ist oft eigentlich gemeint: „Ich habe Angst und brauche dich als meinen Rettungsring." Der Seitensprung eines Partners läßt den anderen oft sagen: „Wie konntest du nur! Ich dachte, du liebst mich!" Ich frage dich: Was hat das Erkennen der Göttlichkeit einer anderen Person mit dem exklusiven Recht an ihrem Körper zu tun? Was sich wirklich hinter der Bemerkung verbirgt, ist Unsicherheit. Könnte die Person die Göttlichkeit in sich selbst und im Partner sehen, würde die Bemerkung vielleicht so ausfallen: „War es gut?" Doch sieh dies alles als vollkommen an. Nur durch äußersten Einfallsreichtum konnte die Trennung so

77

weit getrieben werden. Das Experiment hat sich als ein durchschlagender Erfolg erwiesen.

Liebe ist, dich deiner ureigensten Natur zu öffnen. Diese Öffnung macht dich nicht schutzlos. Natürlich können andere Leute, die aus Angst heraus handeln, dir das Leben schwermachen. Doch versuche, ihr Verhalten als Reaktion zu sehen, die auf Angst beruht und nicht wirklich dir gilt, sondern dem, was du für diese Leute repräsentierst. Ihr Verhalten und Handeln aus Angst hat also nichts mit dir persönlich zu tun. Diese Sichtweise ist ein grundlegendes Element auf dem Weg, „transpersonal" zu werden. Doch dies ist ein völlig anderes Thema.

Wisse, daß du von den höheren Dimensionen, vor allem von deinem Geist-Selbst, unendlich geliebt wirst. Laß die Angst los, alleine zu sein. Du bist nicht alleine. Du könntest es gar nicht sein. Akzeptiere dich selbst, schätze dich selbst und freue dich daran, wer du bist. Dann kannst du beginnen, die Liebe des GEISTES zu spüren, die durch dich fließt. Und denke daran, daß Liebe nicht einer bestimmten Person gelten muß. Liebe ist einfach die Quelle, die sich selbst liebt.

Wenn du diese Energie erst einmal durch dich fließen spürst, wirst du feststellen, wie sich der Fluß verstärkt, aus deinen Feldern überfließt und deine Beziehungen verändert. Eines Tages wird dann der Damm brechen, und du wirst mit bedingungsloser Liebe für alles und jeden überflutet werden. Alles ist aus Gottes Stoff gemacht. Was könnte also nicht geliebt werden?

„Moment mal!" wirst du jetzt sagen. „Ich bin den ganzen Tag von niederträchtigen Menschen umgeben. Wie kann ich sie nur lieben?" Versuche nicht, den Launen ihrer Persönlichkeit zu widerstehen, sie werden dann nur noch schlimmer. Öffne dein Herzchakra und spüre die Energie der Liebe in deinen Feldern. Wenn du dein Herz öffnest, werden andere hart arbeiten müssen, um ihres verschlossen zu halten. Danke ihnen, daß sie dir die Gelegenheit geben, diesen einfachen Energietrick ausüben zu können.

Haß, Eifersucht usw. sind einfach Charakteristika von Persönlichkeiten, die Angst haben und die Energie der Liebe nicht in ihren Feldern spüren können. Gib diesen Leuten einen Schubs, indem du Liebe für sie kanalisierst. Wenn ihre Angst zu groß ist, wird es vielleicht nicht funktionieren. Zumindest aber wird das Herausfließen der Liebe ihre Angst von deinen Feldern fernhalten. Sei ein wenig mitfühlend. So sehr vom Geist abgeschnitten zu sein, ist ein beängstigender Zustand.

Niemals zuvor in der Geschichte des Planeten waren die Energien fähiger, sich dieser Energie der Liebe zu öffnen. Schwinge mit ihr mit, wenn sie durch deine Felder fließt, und lasse sie alle deine Beziehungen zu anderen Menschen durchdringen, sei es zu deinem Partner, deinen Freunden, der Verkäuferin im Supermarkt oder dem Mann, der dein Auto repariert. Ihr Lichtarbeiter steht am Anfang der Warteschlange, noch vor dem Rest der Bevölkerung, und ihr habt euch bereit erklärt, den Ball ins Rollen zu bringen. Wenn du also diese Resonanz spürst, wirst du dich sicher genug fühlen, mit deinen Freunden auf neue Ebenen der Vertrautheit zu gehen. Angst vor Intimität ist einfach die Angst vor dem Verlust der Identität. Doch ich versichere dir: In dieser Öffnung wirst du mehr über dich entdecken, nicht weniger. Wenn zwei Menschen ohne Bedingungen und Erwartungen mit der Energie der Liebe mitschwingen, beginnen sie, von Geist zu Geist zu handeln. Wenn sie voll ausdrücken, wer sie sind, wird es ihnen leichtfallen, sich einander mental, emotional und physisch mitzuteilen. Sex wird dann zur Begegnung von Geist im Fleisch und nicht mehr als Gegenleistung für ein Abendessen oder ein wenig Sicherheit dienen. Dein physischer Körper ist ein strahlender Ausdruck des GEISTES. Und diesen Ausdruck mit anderen Menschen frei, offen und voller Freude auszutauschen, ist ein weiterer Aspekt deiner Göttlichkeit.

Und was ist, wenn du in einer Beziehung steckst, die gerade zu Ende geht? Der alte Weg war, an der Beziehung zu arbeiten, die Differenzen zu versöhnen und einen Kompromiß einzugehen. Aber jetzt weißt du, daß eure Energiesignaturen nicht mehr zueinander passen. Keiner hat Schuld daran. Schließt also Frieden und geht eurer Wege, bevor ihr anfangt, euch zu verletzen. Es dient keinem, bis zum bitteren Ende durchzuhalten, am wenigsten dient es dem GEIST. Ihr hattet sowieso eine Geist-zu-Geist-Absprache, eine gewisse Zeit beieinander zu sein. Eure Signaturen standen in Resonanz. Doch sobald die Absprache vorbei ist, fällt die Resonanz ab, und plötzlich ist es so, als wärt ihr Fremde. Respektiere dies und akzeptiere es als das Ende. Und laß vor allem die Angst los, daß es keine Beziehung mehr für dich geben wird. Denn diese Energie in deinen Feldern wird die nächste Person durch Resonanz vertreiben. Statt dessen versetze deine Felder in offene Erwartung und lasse die Dinge geschehen.

Es mag schwierig sein, die Vollkommenheit des Plans zu sehen, wenn deine Partnerschaft gerade geendet hat. Dies bringt sicher allerlei hoch: Gefühle der Verlassenheit, Scham, Schuld, Wertlosigkeit und so weiter. Was hat das mit Vollkommenheit zu tun? Erinnere dich, daß es dein eigener Entschluß war, daran teilzunehmen. Vielleicht ging es darum, alte Muster zu brechen (wie zum Beispiel Zustimmung von außen zu erwarten), neue Einsichten über die Liebe zu gewinnen oder dich in einen transpersonalen Zustand zu bringen. Was immer auch der Grund gewesen sein mag, sieh das große Bild und frage dich, in welcher Weise es dir dient. Vielleicht mußt du alleine sein, damit du durch bestimmte Veränderungen gehen oder eine neue Beziehung beginnen oder in eine andere Stadt ziehen kannst.

Du bist ein Lichtarbeiter auf einer Mission. Du hast verschiedene Erfahrungen vorbereitet, die dir helfen sollen, deine Arbeit besser auszuführen. Dieses Universum ist nicht willkürlich, und nichts geschieht, ohne einen tieferen Sinn zu haben. Versuche also, das größere Bild zu sehen, und denke vor allem nicht, daß dir irgend etwas angetan wurde. Es ist in Ordnung, sich für kurze Zeit als Opfer zu fühlen, um diese Schwingung aus den Feldern eliminieren zu können. Doch eine Opferhaltung

Teil deiner Identität werden zu lassen, dient dir überhaupt nicht. Es würde deine Meisterschaft verneinen und dir im Wege sein. Denke auch daran, daß irgendwo der kosmische Witz vergraben liegt. Wenn du dich nur an die Pointe erinnern könntest!

Der Mythos der Wahrheit

Auf der physischen Ebene gibt es einen weiteren großen Mythos, nämlich daß etwas existiert, was „Wahrheit" heißt. Dieser Mythos war der Grund für mehr Kriege und Konflikte als alle anderen Mythen zusammen. Allein die Vorstellung, multidimensionale Konzepte in Englisch, Deutsch oder einer anderen Sprache ausdrücken zu können, ist einfach unerhört (obwohl Hebräisch der Sache näher kommt als alle anderen Sprachen).

Nein, mein Freund. Alles, was du auf der physischen Ebene hören kannst, sind Meinungen, die ihrerseits auf den Meinungen anderer Leute basieren, die sie wiederum irgendwo aufgeschnappt haben. Betrachte also alles, was du siehst, hörst und liest, als eine Meinung. Dies gilt natürlich auch für die Aussagen in diesem Buch. Es gibt nur eine Person auf der Welt, die beurteilen kann, was real und wahr für dich ist: du selbst!

Wenn du glaubst, daß die Welt ein feindseliger Ort ist, der von einem zornigen und rachsüchtigen Gott beherrscht wird, dann ist dies auch so – für dich. Oder wenn du glaubst, daß das Universum wohlwollend ist und daß der Geist dich auf Schritt und Tritt führt, dann wird auch dies deine Erfahrung sein.

Realität ist unermeßlich komplex und formbar, denn sie wurde erschaffen, um genau so zu sein. Das Universum ist kein statischer Mechanismus, in dem du dich zurechtfinden mußt. Es wurde erschaffen, um *alle* Wesen in der unendlichen Vielfalt des Ausdrucks der Quelle zu unterstützen. Durch diese Kreativität lernt sich die

Quelle kennen und kann weiter wachsen. Und dies beinhaltet natürlich, daß du im Ausdruck deiner Glaubenssätze unterstützt wirst. Die Leute von Earth Mission in Sedona, Arizona, haben dies so zusammengefaßt: „Das Universum gestaltet sich im Einklang mit deinen Bildern von der Realität um." Das Universum ist tatsächlich ein Spielplatz für die Erschaffung von Realität, und was du wissentlich oder unwissentlich erschaffst, hängt davon ab, was du glaubst (bzw. welche Bilder du von der Realität hast).

Du speicherst deine Meinungen von der Realität in deinen Feldern ab. Dies sind die Bilder, die du von dir selbst und von dir in Beziehung zu allem anderen hast: zum GEIST, zu anderen Menschen, zu deiner Arbeit, deinem Partner und zum Universum ganz allgemein. Die Ereignisse deines täglichen Lebens wurden eigentlich in höherdimensionalen, hologrammähnlichen Rahmenbedingungen erschaffen – einer Art von „Realitätsfabrik". Du und alle anderen, die du kennst, ihr trefft euch in dieser nichtphysischen Realitätsfabrik, um die Umstände und Begebenheiten eurer Leben auf der physischen Ebene zu bestimmen. (Du kannst dich dabei zum Beispiel im Traumzustand erwischen.)

Zwei Hauptfaktoren bestimmen die Art der Erfahrungen, die du auf die physische Ebene bringst. Offensichtlich besitzt der GEIST eine Agenda. Sie ist immer positiv und nützlich für dein Wachstum, obwohl es nicht immer so aussieht. Schau aber gut genug hin, und du wirst sehen, warum du den Totalschaden mit deinem Auto gebaut hast oder warum dir der Geldbeutel gestohlen wurde. Wenn du dich dem Aufstieg näherst, wirst du sehen, daß sich deine Erfahrungen intensivieren und sich der Rhythmus deines Lebens beschleunigt. Dies liegt daran, daß du immer schneller alte Bilder der Realität aufbrechen und sie durch neue Bilder ersetzen willst.

Der zweite Haupteinfluß auf die Ereignisse, die du erfährst, sind deine Bilder von der Realität. Beschränkende und auf Angst basierende Bilder erschweren es dem GEIST, heilende, liebevolle Begegnungen mit dir selbst und mit anderen Menschen zu erschaffen. Wer in Angst lebt, gibt dem GEIST nicht gerade die Erlaubnis, Erfahrungen, die auf Liebe basieren, zu erschaffen. Dies heißt natürlich auch, daß Liebe durch die Augen der Angst gesehen werden kann und somit verzerrt wird.

Wenn es nicht die eine „galaktische Wahrheit" gibt, dann heißt dies, daß du einfach eine Reihe von Wahrheiten nehmen kannst, um aus ihnen deine Bilder von der Realität aufzubauen. Daher macht es Sinn, die Wahrheiten auszusuchen, die dir Freude bringen und zulassen, daß du glücklich wirst. Aber bitte glaube nicht, daß du dann im Paradies der Dummköpfe leben würdest. Tatsächlich würdest du in einem Paradies sehr vernünftiger Menschen leben. Doch selbst dazu gibt es eine Alternative.

Du könntest es dir schwermachen und versuchen, die Wahrheit herauszufinden, an die du glauben sollst. (Die Menschheit hat es sich seit den Tagen der Abtrennung immer schwergemacht. Du wärst also in guter Gesellschaft.) Doch sobald du dir einen Glauben ausgesucht hast, hörst du automatisch mit dem Suchen auf. Dadurch schließt du alles andere aus, was ebenfalls wahr sein könnte. Die Quelle auf die christliche Definition von Gott zu beschränken, würde bedeuten, die Eigenschaften von Allah, Jehova, des großen Geistes und der zahllosen anderen Gottheiten auszuschließen, die über die Zeiten hinweg beschrieben wurden. Warum machst du es dir nicht leicht und fragst dich selbst – als GEIST –, was wahr ist? Und schon hast du alle Antworten, die du brauchst, zumindest für den Rest deiner Zeit auf der physischen Ebene.

Es ist niemals zuvor einfacher gewesen, mit dir selbst als GEIST in Kontakt zu treten. Einige Leute gehen von einem Channel-Medium zum anderen und suchen verzweifelt nach „der Wahrheit". Und es gibt keinen Mangel an Menschen, die willens sind, eine äußere Autorität zu sein. Doch du hast alle Antworten in dir selbst. Halte also ein, entspanne dich, höre zu und vertraue. Zu Beginn wirst du vielleicht etwas Mühe haben,

83

zwischen dem GEIST und einem überaktiven Mentalkörper unterscheiden zu können, der diese Erfahrung kontrollieren will. Danke ihm einfach und bitte ihn, aus dem Weg zu gehen, damit er etwas hübsches Neues lernen kann. Das hilft für gewöhnlich.

Die „eine Wahrheit" und die „eine Realität" gibt es also nicht. Es gibt nur die Bilder der Realität, die du von deinen Eltern und Lehrern und deinesgleichen geerbt hast. Und es gibt die Sichtweise des GEISTES, der durch deine Felder fließt, wobei er allerdings oft durch beschränkende Bilder von der Realität gestört wird. Durch solche Störungen wird der Kontakt zum GEIST oft als Begegnung mit Außerirdischen, dem Teufel, einem Gott außerhalb des Selbst angesehen oder einfach nur als Einbildung abgetan.

Wie niemals zuvor versuchst du – als GEIST –, die Bilder der Realität zu durchbrechen, die du – als Persönlichkeit – in dir trägst. Aufstieg ist ein so großes Konzept, daß diese kleinen Bilder einfach gehen müssen, wenn du auch nur einen Bruchteil davon verstehen willst, was Aufstieg überhaupt bedeutet. Laß also alle Meinungen über dich, die anderen und den GEIST los. Halte deine Glaubenssysteme weit geöffnet und deine Unterscheidungsgabe lebendig und gesund.

Wenn Glaube der sichere Tod des Verstehens ist, was ist dann die Alternative? Glaube hat seine Grundlage im Wunsch, daß etwas wahr sei. Er gründet sich auf Vorurteile und vorgefaßte Meinungen und öffnet sich nur Dingen, die in sein Modell passen. Vertrauen hingegen ist ein Sprung ins Unbekannte, mit einem offenen Geist und in dem Wissen, daß es richtig ist loszulassen. Vertrauen weiß, daß das Neue nicht unbedingt sicher oder bequem sein wird, aber daß es seinen Sinn haben wird. Glaube hält fest, Vertrauen läßt los. Du kannst die Wahrheit nicht durch Glauben finden, sondern nur durch die Einfachheit des Vertrauens.

Vertrauen steht am Anfang der Reise, doch viele Sucher lassen es auf dem Weg zurück und klammern sich lieber an irgendeinen Glauben. Du kannst die Mysterien

84

nicht mit Glauben erfahren, denn du kannst nur das glauben, was du bereits kennst. Die Wahrheit ist jenseits aller Vorstellungskraft. Nichts, was du dir vorstellen kannst, reicht an die Großartigkeit und die Herrlichkeit dessen heran, was noch geschehen wird. Der einzige Weg ist also, Vertrauen, einen offenen Geist und ein offenes Herz zu haben.

Der Mythos der Macht

Wenn du dir die Welt von heute anschaust, findest du Beispiele von Gruppen oder Nationen, die andere Gruppen oder Nationen angreifen, sei es, um Ressourcen wie Land oder Öl zu gewinnen oder um eine Kultur oder ein Glaubenssystem zu zerstören oder weil die DNS den Opfern dieser Gewaltanwendung eine andere physische Erscheinung gegeben hat. Im Kern des großen Mythos „Macht" sitzt ein Gefühl der Abtrennung und eine daraus resultierende Verwirrung über „Macht mit" und „Macht über".

Macht über

Wenn von einem mächtigen Mann oder einer mächtigen Frau die Rede ist, welche Macht wird ihnen dann gewöhnlich zugeschrieben?

Wenn du die Welt nur mit deinen fünf physischen Sinnen erfaßt, dann definiert sich Macht durch das, was du sehen, berühren, fühlen und hören kannst. Du erkennst Macht an der Vormachtstellung oder der Macht über andere, Macht über die Umwelt oder sogar Macht über sich selbst. Definiert eine Gesellschaft Macht auf diese Weise und läßt sie zu, daß diese Macht in einigen wenigen Individuen konzentriert ist, muß sie Organisationen aufbauen, die Mißbrauch verhindern. So habt ihr also Wachhunde, die die Machthaber in Schach halten sollen.

Wenn eine Gesellschaft oder eine Gruppe Macht als Verfügungsgewalt über die Ressourcen (Geld, menschliches Leben, die Armee, Waffen, Nahrungsmittel und Rohstoffe) definiert, dann ist die größte Angst, die Macht an jemand anderen zu verlieren. Und Macht über andere zu haben, verstärkt und vertieft die Abtrennung. Denn du kannst nicht Macht über andere ausüben, ohne sie zu „anderen" (die sich in Religion, Ideologie, Hautfarbe oder Geschlecht unterscheiden) zu machen.

Strebt eine Persönlichkeit nach äußerlicher Macht, orientiert sie sich an materiellen Dingen oder anderen Persönlichkeiten. Dies führt zu einer Hackordnung, die auf „mehr Macht als ich" oder „weniger Macht als ich" basiert. Doch es gibt eine Alternative zu dieser falschen Macht. Wie wir noch sehen werden, enthüllt die Hinwendung zum GEIST eine Macht, die auf Kreativität, liebevoller Kooperation, Verehrung, Harmonie und heldenhafter Zusammenarbeit beruht.

Macht mit

Diese alternative Macht basiert auf „Macht mit" – das heißt Macht mit dem GEIST und deinen Mitmenschen –, und ironischerweise ist der erste Schritt zu „Macht mit" die Hingabe. Doch Hingabe an den GEIST klingt zuerst einmal nach Hingabe an etwas, das Macht über dich besitzt. Und ist dies nicht dieselbe alte Geschichte, nur mit einem anderen Herrn?

„Macht über" basiert auf Unterwerfung, bei der sich beide Parteien getrennt fühlen. Sie funktioniert nur, wenn dieses Gefühl der Trennung existiert. In dem Maße, wie du dich getrennt vom GEIST fühlst, wird „Hingabe" wie Unterwerfung wirken, so wie eine besiegte Stadt sich der Plünderung und Vergewaltigung durch den überlegenen Feind unterwerfen muß. Wenn du dich aber vollkommen eins mit dem GEIST fühlst, heißt Hingabe plötzlich, eine kleine Agenda, die auf Angst beruht, mit der viel größeren Agenda planetarischen und persönlichen Aufstiegs zu vertauschen und das individualistische „Ich muß alles alleine machen" durch die Einstimmung auf die unvorstellbar machtvollen Kräfte zu ersetzen, die heute auf den Planeten Erde einwirken.

Das Problem mit der Macht, die darauf basiert, *wer* du als vom GEIST getrennte Persönlichkeit bist, ist, daß du sie verlieren kannst. Andere Leute können dir deine Ressourcen wegnehmen, das Alter kann dir deine Kräfte und Krankheit deine Gesundheit rauben. Doch Macht, die auf dem basiert, *was* du bist, kann dir nicht genommen werden. Wenn du dich selbst als ungeheures multidimensionales Wesen siehst, das eine menschliche Erfahrung hat, und nicht als ein Mensch, der eine spirituelle Erfahrung sucht, bringt dich das in Kontakt mit deiner wahren Macht.

Ironischerweise war die machtvollste Handlung, die du je getan hast, Mensch zu werden, und dafür mußtest du eigentlich überhaupt nichts *tun*. Du ließest deinen Körper in der Gebärmutter wachsen; bei der Geburt, oder kurz davor, verkörpertest du einen Teil deiner Identität in dieser winzigen Form, und dann zogst du den Vorhang zu, damit du alles, was du getan hattest, vergessen konntest. Dies ist eine der machtvollsten Taten in allen Universen überhaupt! Du sagtest: „Ich bin stark und groß genug, um dieses Leben auszuhalten. Ich kann mich meinem eigenen ungeheuren Selbst verschließen und neben Milliarden anderer Wesen Erfolg haben, die das gleiche taten. Wir müssen vielleicht kämpfen und streiten, doch wir werden die Sache schon schaukeln und uns wiedererinnern."

So vergaßest du deine wahre Macht und deine wahre Identität, und das nur, um das Spiel realistischer zu gestalten. Wenn du deine wahre Macht nicht erkennst, wirst du dich ganz schön balgen müssen, um mehr abzubekommen als die anderen. Jede unfreundliche oder schädliche Tat auf diesem Planeten wurde von Menschen ausgeführt, die sich in irgendeiner Weise machtlos fühlten; und je größer die Machtlosigkeit, um so größer auch die Unfreundlichkeit und Schädlichkeit der Tat.

Du kannst nur Macht über andere ausüben, wenn du ein Bild von der Realität besitzt, das sagt, daß diese anderen getrennt von dir sind. Doch du kannst deine Bilder von der Realität der „Getrenntheit" verändern. Was aber das Erreichen deiner wahren Macht noch schwieriger macht, ist die Tatsache, daß du sorgsam einen Stolperstein der Getrenntheit in die Zellebene der menschlichen Rasse eingebaut hast. Nur wenige Menschen fühlen die Einheit wirklich auf einer tiefen physischen Ebene. Tatsächlich fühlen die meisten Leute etwas ganz anderes: Scham. Und die ist auf der Zellebene gespeichert.

Scham

Die Persönlichkeit hat dem GEIST ursprünglich als Augen und Ohren gedient. Doch vor Äonen, als der Entschluß fiel, das Spiel der Trennung zu erfahren, nahm die Persönlichkeit an, daß sie eine vom GEIST abgetrennte Identität besitzt. Sie formte ein äußeres Ego, um die Rolle des GEISTES zu übernehmen und zu bestimmen, was real und was zu tun war. Um dem äußeren Ego die Tatsache der Trennung vom GEIST vorzuenthalten (der sogenannte „Fall des Menschen"), wurde eine bestimmte Energie in die genetische Struktur der Spezies geschleust. Diese Schwingung fühlt sich für jeden leicht anders an. Eine Person mag sich wie ein „gefallener Engel" fühlen, eine andere fühlt, daß es nur noch eine Frage der Zeit ist, bis sie irgendeiner namenlosen Straftat überführt wird, und noch jemand anderes fühlt sich vielleicht schmutzig und befleckt. Und die Leute machen große Anstrengungen, diese Gefühle der Wertlosigkeit zu vermeiden und zu vertuschen. Versuche einmal, einige der Ereignisse deines Lebens aus dieser Perspektive zu betrachten. Siehst du, was ich meine?

Der Versuch, Scham zu kompensieren, zeigt sich in vielen Dingen: in Elite- oder Konkurrenzdenken zum Beispiel. Wenn man sich getrennt von anderen fühlt und nicht einmal sicher ist, daß es so etwas wie GEIST überhaupt gibt, ist es unvermeidlich, daß das äußere Ego Sicherheit darin sucht, besser zu sein als andere Leute. Der Grund, warum sich die Fernsehnachrichten so sehr auf Tod, Unheil und Katastrophen konzentrieren, ist, dem Zuschauer das Gefühl zu geben, daß es anderen noch schlechter geht und daß er momentan in Sicherheit ist, denn ihm ist dies heute ja nicht passiert. Eine Persönlichkeit, die sich vom GEIST abgetrennt fühlt, sieht das Leben als Strafe an, nicht als Geschenk und Möglichkeit für den Selbstausdruck. Und dies gibt dem Begriff „lebenslänglich" eine ganz neue Bedeutung.

Das wichtigste Merkmal der Scham ist, daß du sie mit deinen Genen ererbt hast. Scham ist solch ein grundlegender Aspekt des Lebens in einem physischen Körper, daß sie niemals als das angesehen wird, was sie wirklich ist: ein Symptom des Inkarniertseins. Und jedesmal, wenn jemand zu dir sagt: „Du solltest dich schämen", stimmst du dem tief im Inneren zu.

Natürlich wart ihr alle die Schöpfer dieses Spiels des Getrenntseins. Ihr konntet ja nicht einfach nur so tun, als wärt ihr vom GEIST getrennt. Ihr mußtet es so realistisch machen, daß es funktionierte, und ihr habt herausgefunden, daß Scham in der Tat sehr gut funktioniert. Scham steckt im Kern jeder Körperzelle. Normalerweise kannst du im Tod diese Scham mit den Zellen hinter dir lassen, doch um mit dem Körper aufsteigen zu können, muß diese Energie aus deinen Zellen gelöst werden.

Loslassen auf der Zellebene

Viele Lichtarbeiter bahnen den Weg, damit der Rest der Bevölkerung dieses Loslassen auf der Zellebene durchführen kann. In extremen Fällen werden sie sich in einer Position der Machtlosigkeit wiederfinden. Dies ermöglicht das schnelle und massive Entlassen von Scham aus der Zellebene in die Felder, wo sie gereinigt werden kann.

Nicht jeder wird sich für diesen Weg entscheiden, sondern ein sanfteres und längerfristigeres Loslassen vorziehen. Doch in jedem Fall ist gut zu wissen, daß es nicht „du" bist, wenn du Scham fühlst, sondern nur eine andere Energie, die aus deinen Feldern gelöst werden muß. Versuche, die Scham nicht als Teil deiner Persönlichkeit zu betrachten oder dich schuldig dafür zu fühlen, du zu sein. Als Lichtarbeiter wandelst du die eingebaute Scham der Spezies in einen höheren Ausdruck der Einheit mit dem GEIST und des Dienstes am GEIST um.

Unter der Anleitung des GEISTES wird die Energie der Scham aus deinen Zellen in deine Felder gelöst. Und wenn sie hochkommt, wirst du sie als sehr vordergründige Erfahrung spüren und nicht als untergründigen Zustand, der zum Menschsein gehört. Der Weg, mit der Scham umzugehen, ist, durch sie durchzugehen. Der Versuch, sie zu unterdrücken, erweckt den Eindruck in dir, daß die Scham real ist und daß du zu machtlos bist, um etwas dagegen zu unternehmen. Betrachte die Scham einfach als ein Erbe in den Zellen und als kulturelle Prägung, nicht als deine Identität.

Wenn du die losgelassene zelluläre Scham aus deinen Feldern brennst, wirst du das deutlich fühlen. Laß es in dem Wissen geschehen, daß du auf diesen Planeten gekommen bist, um zu lernen, mit der Scham umzugehen. Wenn du dich alleine und machtlos fühlst, versuche eine Gruppe anderer Lichtarbeiter zu finden, die ebenfalls diesen Prozeß durchmacht. Habe keine Angst, ihre Hilfe anzunehmen. Die Tage des hartgesottenen Individualisten sind vorbei. Wir befinden uns jetzt in einer Ära der KO-Kreation, und es ist wichtig, sich darauf einzustellen. Lichtarbeiter sind mit einem Auftrag auf diesen Planeten gekommen, und bisher hast du vielleicht nur alleine gearbeitet. Doch du bist jetzt aufgerufen, mit anderen Lichtarbeitern zusammenzuarbeiten und mit ihnen die nächste Stufe in der Evolution der Spezies zu erschaffen. Alte Muster, die auf der Getrenntheit basieren, werden dem genetischen Erbe der

Menschheit entzogen. Und du kannst das nicht alleine erledigen.

Deine wahre Macht zu spüren, kann dir auch in den Momenten helfen, in denen Scham hochkommt. Bitte den GEIST um „die stets größer werdende Fähigkeit zu tun, was getan werden muß". Weiterhin rufe die Engel der Zerstörungskräfte an, damit sie die Energie aus deinen Feldern entfernen, und Saint Germain, damit er die violette Flamme in deinen Feldern brennen läßt. Nach ein paar Momenten wirst du dich ruhiger fühlen und auf subtile Weise auch kraftvoller. Laß dieses neue Gefühl der Macht durch deinen Körper fluten und fühle, wie es die Leere in den Zellen erfüllt, die die Scham hinterlassen hat.

Kontrolle

Teil des Mythos der Macht ist die Illusion der Kontrolle. Jede Kontrolle, die du glaubst, über dein Leben zu haben, gehört dem GEIST. Wenn Dinge funktionieren, ist es dein Geist-Selbst, das durch deine Felder arbeitet. Und wenn Dinge nicht funktionieren, dann ist es ebenfalls dein Geist-Selbst, das durch deine Felder arbeitet, dieses Mal aber versucht, die Aufmerksamkeit des Bewußtseins deiner Persönlichkeit zu erhalten oder deiner Persönlichkeit irgend etwas bewußtzumachen. Wenn die Dinge nicht nach deinen Plänen funktionieren, überprüfe deine Bilder von der Realität und halte nach Zeichen der Begrenzung und Kontrolle Ausschau. Ereignisse kontrollieren oder sie nach den Vorstellungen deiner Persönlichkeit manipulieren zu wollen, ist ein fruchtloses Unterfangen und kann nur zu Frustration, Enttäuschung und Wut führen. Was kannst du also tun?

Wenn du dich auf die Absicht des GEISTES ausrichtest, der seine Funktionen ausübt, wirst du zu einer unaufhaltsamen Kraft, denn du fließt mit dem Universum. Doch dies läßt die Frage aufkommen: „Woran kann ich die Absicht des GEISTES erkennen?" Die Antwort ist: „An dem, was dein Herz singen läßt." Ariel bietet diesen dreiteiligen Test, der zeigt, was du tun oder besser lassen solltest: „Bringt es dir Freude? Macht es Spaß? Dient es dem Licht?" Wenn du alle drei Fragen bejahen kannst, dann folgst du dem GEIST. Wenn du wenigstens eine der Fragen mit nein beantworten mußt, dann steht die Handlung wahrscheinlich nicht im Einklang mit der Absicht des GEISTES.

Wenn du diese Fragen bezüglich deines Arbeitsplatzes stellst und alle drei verneinst, dann denke ernsthaft daran, dir eine neue Arbeit zu suchen, denn du hast sonst keinen Zugang zu deiner wahren Kraft. Gegen den Fluß zu schwimmen ist harte Arbeit, mit dem Fluß zu schwimmen ist viel müheloser und macht wesentlich mehr Spaß. Die Dinge kommen dann zusammen, anstatt auseinanderzufallen, und es treten Leute in dein Leben, die dir helfen, anstatt dich zu behindern.

Kontrolle ist also eine Illusion. Der Fluß des GEISTES ist die Realität. Alles, was du hast, und alles, was du bist, beruht auf dem Wirken deines Geist-Selbst. Was du auf der Persönlichkeitsebene tun kannst, ist, dir dessen bewußt zu sein und deine Vorschläge der „Realitätsfabrik" zu übergeben. Du wirst gehört werden!

Wahre Macht

Oberflächlich betrachtet, haben Scham und mangelnde Kontrolle wenig mit Macht zu tun. Und doch stehen sie in Verbindung. Andere durch Kontrolle und Macht zu dominieren, ist eine direkte Reaktion auf die Scham der Zellebene und ein Versuch, sie zu unterdrücken. Du hast die Scham dort hineingegeben, um zu verhindern, daß du deine wahre Macht spürst. Deshalb erfordert der Umgang mit Scham wahre Macht, und diese ist gleichzeitig das Resultat des Loslassens der Scham.

Wahre Macht ist ein „Seins"-Zustand, kein „Tun". Macht auszuüben ist der alte Weg, Macht zu sein, bedeutet, den GEIST auszudrücken. Dies heißt allerdings

92

nicht, auf einer Matte zu sitzen und für den Rest deines Lebens Energie auszustrahlen. Du kannst weiterhin handeln, doch nun schöpfst du aus diesem ruhigen und stillen Ort in dir, der weiß, daß er ein ungeheures, unbeschränktes Wesen ist, das in Harmonie mit Allem-was-ist arbeitet.

Genau wie „das Tao, das ausgesprochen werden kann, nicht das wahre Tao ist", ist die Macht, die ausgeübt werden muß, nicht die wahre Macht. Wahre Macht ist stark und doch bescheiden, denn sie kennt ihre Stärke. Stärke bedeutet, ohne Angst zu leben, denn Angst verneint deine Fähigkeit, deine eigene Realität zu erschaffen. Du bist in Sicherheit, denn es gibt keine Fremden, und du bist in Harmonie mit der Natur und allen ihren Schöpfungen.

Wahre Macht erlaubt dir, wirklich zu lieben, denn du hast keine Angst vor Zurückweisung oder Schmerz. Du gibst dich selbst, denn du weißt, daß Zurückweisung ein Zeichen ist, daß die andere Person nicht empfangen kann, was du wirklich bist. Du stehst mit keinem in Konkurrenz, denn Konkurrenz beruht auf Scham und verneint die Meisterschaft aller Beteiligten. Und du weißt, daß du letztendlich mit dir selbst konkurrierst. Wahre Macht handelt selbstlos und weiß, daß keiner sie ausnutzen kann. Sie vergibt ohne Bedingungen, denn sie fließt mühelos durchs Leben.

Du weißt um deine Rolle als Miterschaffer aller Ereignisse deines Lebens. Du beschuldigst keinen, nicht einmal dich selbst, denn du folgst dem GEIST in jedem Moment. Du beurteilst nichts und niemanden, denn du weißt, daß Urteilen auf Scham basiert. Statt dessen blickst du auf den GEIST und siehst, was in diesem Moment wahr ist. Und aus dieser Perspektive siehst du alles als GEIST-der-sich-ausdrückt und der durch Persönlichkeiten handelt. Du magst vielleicht nicht die Vollkommenheit im Ausdruck der anderen erkennen, doch du weißt, daß du nicht ihr Richter bist. Also gib ihnen einfach den Raum, den sie brauchen, und laß dich nicht von ihrem Ausdruck verwirren.

Wenn Leiden in dein Leben kommt, versuche nicht, es zu vermeiden. Erfahre es und ehre deine Kreativität, mit der du es erschaffen hast.

Das größte Zeichen einer wahrhaft machtvollen Person ist die Fähigkeit, sich selbst zu geben, die Liebe des GEISTES ungehindert anderen Menschen zufließen zu lassen. Wie wir gesehen haben, ist Liebe nicht etwas, was du tust, sondern etwas, was du zuläßt. Und Liebe geschieht nur, wenn du deine eigene Macht zuläßt. Ich sehe viele Lichtarbeiter, die sich hinter einer falschen Bescheidenheit oder Demut verstecken, denn sie manipulieren sich, um lieb und nett zu erscheinen. Bitte rede dir selbst deine Macht nicht aus. Viele denken, daß man der sogenannten New-Age-Bewegung nur angehören kann, wenn man alle Macht, das heißt auch alle wahre Macht, aufgibt. Das ist ein großer Irrtum! Du bist hier, um dem Planeten und seinen Bewohnern zu dienen. Du kannst das nicht tun, wenn du wimmernd in der Ecke sitzt. Du bist Geist-im-Fleisch und mit einer Mission hierher gekommen. Laß also deine wahre Macht zu und sei, wer du bist. Alle Handlungen, die du dann vornimmst, basieren auf deiner wahren Macht und kommen aus dem Seinszustand deiner eigenen ungeheuren Herrlichkeit.

Dies heißt nicht, daß du nicht auch nett sein darfst. Aber handle immer aus Liebe, Mitgefühl und Furchtlosigkeit und tue alles, was sich im Moment richtig anfühlt. Manchmal wirst du alleine handeln, und manchmal wirst du mit anderen Meistern gemeinsam etwas kreieren. Du schreitest in eine Zeit des großartigsten Ausdrucks deiner selbst, und kein Teil von dir ist dessen unwert.

Ich habe Hochachtung vor dir, da du dieses Leben auf dich genommen hast. Ich will dich zum Abschluß dieses Kapitels nochmals daran erinnern, was für ein machtvolles Wesen du wirklich bist und daß du – in Zusammenarbeit mit anderen Lichtarbeitern – wahre Wunder bewirken kannst.

Teil 2

AUFSTIEG: WIE GEHT DAS?

Teil 1 hatte zum Inhalt, was du als Vorbereitung für den Aufstieg wissen solltest. Wir haben gesehen, wie die menschliche Spezies die gravierende Entscheidung traf, bei der Geburt die Schleier der Amnesie zuzuziehen, damit der Mensch jede Inkarnation beginnen konnte, ohne zu wissen, wer er wirklich ist. Diese Entscheidung brachte die Menschheit dazu, enorme Mengen an Energie aufzuwenden, um das Rätsel zu lösen, während sie immer noch im physischen Körper war und hinter dem Schleier lebte. Sie begann den GEIST als etwas Äußeres zu betrachten und nannte ihn Gott. Das Gespür für die Größe des GEISTES veranlaßte die Menschheit, ein Pantheon voller Götter zu errichten, die alle verehrt werden sollten. Der Mensch tötete den Menschen aufgrund von Meinungsverschiedenheiten über Konzepte, die alle erfunden waren. Doch die Quelle (also du im umfassendsten Sinn) lernt in diesem außerordentlichen Experiment mehr über sich selbst.

Doch nun ist das Experiment vorbei. Es ist Zeit, die Zelte abzubrechen und weiterzuwandern. Das ist Aufstieg! Die dringendste Aufgabe für alle als Ego-Selbst projizierte Wesen ist nun, sich bewußt zu entscheiden, den GEIST zu verkörpern, das heißt, die drei unteren Energiekörper auf die Energie des GEISTES auszurichten und dem GEIST bewußt zu erlauben, frei durch sie zu fließen. Du – als GEIST – hast immer mit dir – als Ego – zusammengearbeitet. Doch das Ego war immer zu beschäftigt, es zu bemerken.

Wir sprechen hier über das tiefe Wissen, daß deine Natur in erster Linie GEIST ist und nicht ein Körper mit Gefühlen; daß du deine Realität durch deine Gedanken erschaffst; daß alles, was du um dich herum siehst, eingefangene Energie ist, die du als fest wahrnimmst.

Wir sprechen über die Ebenen bewußter Wahrnehmung des GEISTES, die dir erlauben, jemand anderen anzuschauen und ohne Zweifel zu wissen, daß ihr beide GEIST seid, aus demselben Stoff gemacht wie die Quelle. Wir sprechen über Ebenen des Wissens und der bedingungslosen Liebe, die auf der Erde seit Hunderttausenden von Jahren nicht mehr bekannt sind; über die Fähigkeit, bewußt jedes Objekt oder jede Situation zu erschaffen, die du wünschst; und über die bedingungslose Liebe, die solche Meisterschaft möglich macht.

Im zweiten Teil schauen wir uns an, was du tun kannst, um dies alles zu erreichen. Die Ironie des Aufstiegs ist, daß er mit Abstieg beginnen muß – dem Abstieg des GEISTES in die physischen, emotionalen und mentalen Felder. Du – als GEIST – bist für diesen Prozeß verantwortlich, und wir werden sehen, was du tun kannst, um deine Persönlichkeit aus dem Weg zu nehmen. Du mußt dir voll bewußt sein, was los ist und was du erreichen willst. Doch sobald du auf der Ego-Ebene die Hälfte der Brücke gebaut hast, wird der GEIST die andere Hälfte bauen, und beide Hälften werden sich in der Mitte treffen. Deine Aufgabe ist, die niedrigeren Felder zu reinigen, sie auszurichten und sie auf das massive Einströmen hochfrequenter Lichtenergie vorzubereiten. Die Rolle des GEISTES ist, deine Felder mit deiner eigenen Energie zu überfluten und ihre Ausrichtung abzuschließen. Natürlich ist alles GEIST. Die Frage ist nur, wie sehr das Ego-Selbst stört, wenn es den GEIST ausdrückt.

Ich biete dir für diesen Prozeß schrittweise Anleitung. Sei dir bewußt, daß der Prozeß für jede Person anders sein wird. Deshalb kann die Anleitung nur allgemein bleiben. Doch wenn die Kanäle zwischen Ego-Selbst und Geist-Selbst offener sind, wird glücklicherweise der GEIST die Führung übernehmen. (Er hat dies schon sehr oft getan.) Diese persönliche Führung ist viel wertvoller als alles, was du von mir oder einer äußeren Autorität erhalten kannst. Der Trick liegt aber im Vertrauen. Die menschliche Natur vertraut mehr, wenn etwas von außen kommt. Kern des Prozesses ist zu lernen, dem GEIST zu vertrauen und nicht den äußeren Autoritäten.

Erinnerst du dich an den Wackelpeter, über den wir gesprochen haben? Als im roten eine stehende Welle erzeugt wurde und wie sich dieselbe stehende Welle langsam im gelben aufbaute? Und wie der gelbe und rote Wackelpeter in der gleichen Schwingung vibrierten, als der gelbe total vom roten umgeben war? In einem physischen Körper auf der physischen Ebene zu sein bedeutet, von einem planetarischen Feld total umgeben zu sein. Deine Felder interagieren nicht nur mit den Feldern anderer Leute, indem sie ihre Energien auffangen und eigene stehende Wellen bilden, sie gehen auch völlig in jedem planetarischen Feld auf. Wenn deine Felder überhaupt für die Energie in den Feldern einer anderen Person oder in den planetarischen Feldern der allgemeinen Realität empfänglich sind, sind resonierende stehende Wellen nicht zu vermeiden. Und leider sind einige davon nicht sehr angenehm.

Zwei Dinge müssen also geschehen. Zuerst mußt du deine Empfänglichkeit gegenüber stehenden Wellen reduzieren, die du nicht willst, und zweitens mußt du deine Empfänglichkeit gegenüber denen erhöhen, die du willst. Wir werden uns beides anschauen. Zuerst werden wir sehen, wie wir uns von unerwünschter Energie in anderen Menschen und der allgemeinen Realität abkoppeln können. Dies geschieht durch das Entfernen unerwünschter Energie aus unseren eigenen Feldern und durch das Erhöhen der niedrigsten Frequenz, die unsere Felder halten kann – auf eine Ebene, wo keine unerwünschten Resonanzen mehr auftreten können. Zweitens werden wir Wege aufzeigen, wie wir mit Energie resonieren können, die wir in unseren Feldern haben möchten – die Energie des GEISTES.

Erinnere dich daran, daß du – als GEIST – vor allem willst, daß du – als Ego – aufsteigst. In diesem Sinne beinhaltet Aufstieg für das Ego, sich als GEIST neu zu definieren. Dies bedeutet, wie GEIST zu sehen, zu fühlen, zu denken und zu sein. Das Ego muß sich nicht selbst, sondern nur seine Meinung über sich selbst verändern. Es ist immer GEIST gewesen, wußte es aber nicht. Dieses Nichtwissen hat den GEIST oft verzerrt, wenn er sich durch das Ego ausdrückte. Nun ist es an der Zeit, die Bewußtheit des Egos auszudehnen, die Schleier und die Ängste abzuwerfen und den GEIST zu verkörpern. Es ist der Höhepunkt eines kompletten Lebenszyklus: Du bist die Verkörperung deines Geist-Selbst, die jede seiner anderen Inkarnationen ins Licht führen wird. Bis vor einigen Jahren war dieser Prozeß extrem schwierig. Die Schwingung zu erhöhen und sich zwischen den Ebenen zu bewegen, erforderte Hingabe und intensive Übung. Doch die Bremsen sind jetzt gelöst. Zum Beispiel wurde ein „Aufzug" durch das System der Ebenen installiert. Er wurde von Sananda übermittelt, und wir nennen ihn das Einheits-Band oder die Einheits-Frequenz.

Der Planet wird sowieso aufsteigen. Es wird einen großen Schubs geben, der möglichst viele unter euch mit dem Planeten aufsteigen lassen wird. In diesem Teil des Buches werden wir sehen, wie dies funktioniert.

7

DAS AUFBRECHEN
ALTER MUSTER

Resonanz findet statt, wenn ein Feld sympathisch auf ein anderes Feld reagiert und Energie ausgetauscht wird. Stelle dir zwei identisch gestimmte Gitarrensaiten nebeneinander vor. Wenn du eine Saite anschlägst, entsteht eine stehende Welle, und die andere Saite wird in der exakt gleichen Frequenz mitschwingen. Genauso kannst du eine wütende Person in einen Raum bringen, in dem sich andere Leute befinden. Bald werden viele Leute ebenfalls wütend sein. Dies ist so, da ihre Energiefelder Wut enthalten, die auf die Wut in den Feldern der anderen Person reagiert, obwohl sie sich momentan gar nicht wütend fühlen.

Wut ist nur eine Energie, und über einen Zeitraum von ein paar Minuten spüren die Emotionalkörper der anderen Leute im Raum die Energie, die unser wütender Freund auf dieser Frequenz abstrahlt. Einige der Leute registrieren dies und beginnen, sympathisch mitzuschwingen, denn ihre Felder enthalten selbst Wutenergie der gleichen oder ähnlichen Frequenz. In einem gewissen Maße bauen diese Leute eine stehende Welle aus Wut auf und merken plötzlich, daß sie wütend sind. Sie schwingen nur mit der Energie unseres Freundes mit, der damit angefangen hat, doch sie haben keine Ahnung, warum die Partylaune plötzlich verflogen ist.

Aber du weißt jetzt ja, was los ist. Was wirst du dagegen tun? Das Wissen über Feld-Resonanzen bietet glücklicherweise einige Techniken, die du anwenden kannst. Sie werden zwei Wirkungen haben. Erstens verändern sie die Art, wie Energie in deinen Feldern mit anderen Individuen und mit der allgemeinen Realität schwingt, und zweitens, wie du wieder die Kontrolle über die Energie in deinen eigenen Feldern gewinnst.

Das vereinigte Chakra

Wir sind Ariel und Kwan Yin sehr dankbar, daß sie dem Planeten die Informationen über das vereinigte Chakra zur Verfügung stellen. Der Übergang zum vereinigten Chakra ist der wichtigste Schritt, den du machen kannst, denn er bestätigt bewußt die jüngsten Veränderungen in der Art, wie die Spezies mit ihren Energiekörpern umgeht. Traditionell haben die Chakren eine konische Form und sind an sieben Stellen des physischen Körperfeldes zentriert. Sie sind die Instrumente gewesen, durch die deine verschiedenen Energiefelder Energie ausgetauscht haben. Jetzt entwickeln sie sich von getrennten Kegeln zu einem vereinigten Chakra, das sich im Herzchakra zentriert. Dies ist wichtig, denn ein vereinigtes Chakra erlaubt dir, auf deinen physischen, emotionalen, mentalen und spirituellen Körper ausgerichtet zu sein und ihre Energien zu harmonisieren.

Als du – als GEIST – das System der Hauptchakren verdichtetest und kreiertest, bautest du eine Energiebarriere ein, um das Herzchakra von den anderen Chakren zu isolieren. Dies war wichtig, damit das Spiel des Karmas funktionieren konnte. Es erlaubte den niedrigeren Chakren, Amok zu laufen, ohne daß das Herzchakra große Mäßigung hätte einbringen können. So spielte das Herzchakra in der Interaktion der drei Energiefelder kaum eine Rolle. Als Ergebnis davon waren die hauptsächlichen Reaktionen auf Lebenssituationen aus dem Gleichgewicht und ohne Harmonie: Intellektuelle Reaktionen kamen aus dem sechsten Chakra, leere Kommunikation und Beurteilung aus dem fünften, auf Ego und Macht basierende Reaktionen aus dem dritten, sexuelle und kreative aus dem zweiten und überlebensbezogene und auf Angst basierende aus dem ersten

Chakra. Diese Reaktionen waren gut, um Karma zu erschaffen, denn die eher ausgeglichenen Reaktionen, wie zum Beispiel Liebe und Mitgefühl, wurden gedämpft.

Mit dem vereinigten Chakra zu arbeiten heißt, die höheren und die sieben niederen Chakren in ein einziges Chakra zu vereinigen, damit sie alle im Einklang mit der Frequenz der auf Liebe basierenden Energie funktionieren, die durch das Herzchakra fließt. Dies heißt auch, daß sich deine drei niederen Energiefelder aufeinander ausrichten, miteinander schwingen und Energie austauschen können, wobei die Hauptkomponente in diesen Wechselwirkungen Liebe ist.

Durch das Ausdehnen des vereinigten Chakras, über den physischen Körper hinaus sowie in den physischen Körper hinein, kann sich dein Körper nicht nur als fleischliche stehende Welle spüren, sondern als das komplexe Energiefeld (in dem einige Wellen sichtbar sind), das er wirklich ist. Die mentalen und emotionalen Felder bestehen natürlich ebenfalls aus Energie, doch diese ist für die meisten Leute nicht sichtbar. Nun können sich alle drei Felder in ein vereinigtes Feld ausrichten, denn endlich haben sie ein Frequenzband gefunden, das sie alle verstehen: Liebe.

Das vereinigte Chakra macht alle Verarbeitung, die du gewöhnt warst, unnötig und erlaubt schnelle und leichte Ausrichtung und Vereinigung deiner Energiekörper. Früher wurde Energie durch verschiedene Chakren in verschiedene Energiefelder kanalisiert und dadurch ein intellektueller oder machtorientierter Aspekt der Energie betont. Nun kannst du ein umfassenderes Spektrum von Energie einbringen, speziell ihre höherfrequenten, auf Liebe basierenden Aspekte. Wenn du einmal gechannelt oder Energiearbeit gemacht hast, hast du vielleicht ein Surren gefühlt, wenn die Energie auf Widerstände in deinen Feldern getroffen ist. Dies wirst du nie wieder fühlen, denn dein vereinigtes Feld und die vereinigten Chakren bieten der Energie keinen Widerstand. Dies bedeutet auch, daß du zu jeder Zeit angemessen handelst. Ganz selbstverständlich und automatisch verbindest du

101

jetzt in den entsprechenden Situationen die richtigen Mengen an Liebes- und Sexualenergie oder Liebes- und Machtenergie. Mit einem vereinigten Chakra brauchst du dir keine Sorgen mehr zu machen, ob du dich angemessen verhältst. Du weißt, daß du es tust.

Schließlich erlaubt dir das vereinigte Chakra, dein Geist-Selbst umfassender zu verkörpern. Du mußt nun nicht mehr versuchen, seine Liebe durch dein Mentalfeld oder seine höhere Weisheit durch dein Emotionalfeld zu filtern. Alles, was du benötigst, kommt gleichzeitig und in den benötigten Mengen durch das vereinigte Chakra in das vereinigte Feld.

Es ist empfehlenswert, deine Chakren mehrmals täglich zu vereinigen. Mit ein wenig Übung wirst du eines Tages nur „Vereinigt euch" sagen müssen, und deine Chakren werden plötzlich in ein einziges Chakra einschnappen. Dieser Prozeß wird im Anhang dieses Buches vollständig wiedergegeben, und wir danken Ariel für seine Erlaubnis.

Der Prozeß beinhaltet, es sich bequem zu machen, die Atmung zu vertiefen und Licht ins Herzchakra einzuatmen. Bei jedem Ausatmen stellst du dir vor, wie sich dein Herzchakra ausdehnt und sich in alle Richtungen kugelförmig öffnet. Du dehnst es aus und läßt es jedes folgende Paar der Chakren in sich vereinigen, während du ein- und ausatmest: drittes und fünftes, zweites und sechstes, erstes und siebtes Chakra, Omega und Alpha*, achtes und deine Knie, neuntes und deine Fußgelenke, zehntes und deine Füße. Dein vereinigtes Chakra ist nun eine Kugel goldenen Lichts. Es hat einen Durchmesser von sechs bis fünfzehn Metern und bildet das Zentrum deines vereinigten Feldes, das einen Durchmesser von bis zu einigen Kilometern hat. Dein Geist-Selbst ko-existiert mit diesem vereinigten Feld. Nun bittest du um die angemessene Menge deines eigenen Geist-Selbst, das,

---

* Das Alpha- und das Omegachakra waren bis vor kurzem noch verborgen, sind aber mittlerweile aktiviert worden. Das Omegachakra (ca. 20 cm unterhalb der Basis der Wirbelsäule) verbindet dich mit dem planetarischen Bewußtsein, und du solltest dich mit dem Omegachakra erden, nicht mit dem Basischakra. Das Alphachakra (ca. 20 cm über deinem Kopf) verbindet dich mit deinem fünfdimensionalen Lichtkörper.

von der Basis des vereinigten Chakras aufwärts, seine Energie in dein vereinigtes Feld geben soll.

Du kannst noch weiter gehen und dich selbst als wahrhaft multidimensionales Wesen erfahren, indem du dein vereinigtes Chakra über das elfte Chakra (die Ebene deiner Gruppenseele), das zwölfte Chakra (die Ebene deines Christus-Geist-Selbst), das dreizehnte Chakra (die ICH-BIN-Präsenz) und das vierzehnte Chakra (die Quelle) ausdehnst.

Das vereinigte Chakra verhindert den traditionellen Fokus auf das getrennte Chakrensystem, das so selektiv mit der Energie war. Wenn du mit Wut oder Macht konfrontiert wurdest, reagiertest du unbewußt mit zum Beispiel dem ersten Chakra (Angst) oder dem dritten Chakra (Macht). Du ergriffst entweder die Flucht oder bliebst aufrecht stehen. Doch mit dem vereinigten Chakra bildet sich ein völlig neues Muster. Du reagierst mit deinem ganzen Wesen, einschließlich des GEISTES, und kannst eine massive Dosis Liebe in diesen Energieeintopf werfen. Du magst vielleicht die gleichen Dinge sagen oder tun wie auf der Ego-Ebene, doch die andere Person wird in ihren Feldern die Liebesenergie spüren und etwas verwirrt sein. Sie hat dich angegriffen, und doch fühlt sie innerlich diese Wärme. In dieser Verwirrung wird einer von euch beiden anfangen zu lächeln, und die Spannung ist gelöst. Auf diese Weise kann das vereinigte Chakra das Allheilmittel für jedes Übel sein. Doch wie verwendest du es für konstruktive Dinge und nicht nur, um Schaden fernzuhalten?

Obwohl GEIST-Energie hochfrequent ist, produziert sie stehende Wellen mit Frequenzen, die harmonische Unterschwingungen zu ihrer eigenen Energie bilden. Diese passen ganz genau in die Frequenzbänder deiner physischen, emotionalen und mentalen Felder. Das Arbeiten mit getrennten Chakren hat einige dieser Energien weggefiltert. Das dritte Chakra ist zum Beispiel mit Macht-Frequenzen und das fünfte/sechste Chakra mit Gedankenformen umgegangen. Doch kein Chakra konnte alles gleichzeitig verarbeiten. Je nachdem, welche Chakren offen waren, konntest du bestimmte Facetten deines Geist-Selbst in deinen niedrigen Feldern zulassen. Das vereinigte Chakra läßt das gesamte Spektrum deines Wesens zu.

Deine Reaktionen kommen aus deinem gesamten Wesen, das heißt, du reagierst nicht, sondern du agierst, deine Basis ist Liebe, nicht Angst, und du bist eher transpersonal als persönlichkeitsorientiert. Und nun wirst du herausfinden, daß selbst Wut ein göttlicher Ausdruck ist.

Ausklinken aus der Allgemeinheit

Dies ist eine weitere Technik, die die Resonanz mit den Ausstrahlungen anderer Menschen unterbricht und neue Resonanzen mit deinem Geist-Selbst aufbaut. Du bist Teil eines ungeheuren, kollektiven, planetarischen Bewußtseins, und du ziehst nicht nur Energie davon ab, sondern bringst, indem du einfach in diesem Feld anwesend bist, deine Energie mit ein. Wenn du deine spezielle Energiefrequenz den zahllosen Frequenzen hinzufügst, aus denen das bewußte Energienetzwerk dieses Planeten besteht, erhöht sich die Energie dieser Frequenz.

Nun macht es aber keinen besonderen Spaß, mit einigen dieser Frequenzen in Resonanz zu stehen. Hast du beispielsweise Geldsorgen, stehst du in Resonanz mit der weltweiten Schwingung der Knappheit. Du fügst ihr Energie zu und ziehst ihr gleichzeitig Energie ab. Somit bringst du deine mentalen oder emotionalen Energiekörper in Resonanz mit der Geldknappheit anderer Menschen.

Da sich die Schwingungsrate des Planeten und deiner Energiekörper erhöht, wird sich jede Frequenz, die auf Angst basiert, mehr und mehr unangenehm anfühlen. Und wenn du die Fähigkeiten erhöhst, mit denen du deine Realität manifestieren kannst, wirst du finden, daß sich die Energie, die du anwendest, sehr schnell in deinem Leben zeigen wird.

Wie kannst du dich aus auf Angst basierenden Frequenzen der Persönlichkeit ausklinken und dich auf Liebe basierenden Frequenzen des GEISTES einstimmen?

104

Stell dir ein altmodisches Telefon-Schaltbrett mit all seinen Kabeln vor. Diese Kabel kannst du in jedes der Löcher auf dem Schaltbrett stecken. Nun stell dir vor, die unteren Löcher auf dem Schaltbrett sind die Verbindungen zur allgemeinen Realität: Ängste, Glaubenssätze, Angewohnheiten und alles, was keinen Spaß macht. Die oberen Löcher auf dem Schaltbrett sind Freude, Lachen, Fülle, Spontaneität, Kreativität, göttlicher Ausdruck und alles weitere, was voller Freude ist, Spaß macht und im GEIST ist. Stell dir vor, du würdest alle Stecker aus den unteren Löchern herausziehen und in die oberen Reihen des GEISTES einstecken.

Wenn du nicht im GEIST bist, kanalisierst du einfach die Energien der allgemeinen Realität. Doch du hast die Wahl, wen oder was du kanalisierst. Entscheide dich einfach, die Energie und die Realität des GEISTES zu kanalisieren, den du verkörperst. Mache dies immer, wenn du dich absolut nicht wie ein ungeheures, multidimensionales Wesen empfindest. Es besteht nämlich die Möglichkeit, daß die Gefühle der Begrenzung dadurch kommen, daß du im unteren, angstbezogenen Teil des Schaltbretts eingeklinkt bist.

Die allgemeine Realität ist sehr verführerisch. Du warst dein ganzes Leben lang an sie angeschlossen. Du kennst sie gut, und sie hält keine Überraschungen mehr für dich bereit. Du weißt mit Bestimmtheit, daß „Mist passiert", und du atmest auf, wenn es jemand anderem zuerst passiert. Werde dir bewußt, daß die meisten Staus auf der Autobahn eher von den Schaulustigen stammen, die sehen wollen, wie schlimm es war, und nicht von den eigentlichen Unfällen.

Natürlich glauben andere, ein Recht zu haben, dich in ihrer Realität eingeschlossen zu halten. Jedoch wirst du mehr und mehr Menschen kennenlernen, die eine alternative allgemeine Realität aufbauen, eine Realität, die auf Liebe und Freude basiert, und nicht auf Vermeiden von Angst. Sie existiert schon überall um dich herum als eine Reihe von Energien mit viel höheren Frequenzen. Und du kannst dich daran beteiligen. Doch du mußt auch etwas aufgeben: nämlich den einfühlsamen und telepathischen Kontakt mit jenen Menschen, die sich in Energie wälzen, die auf Angst basiert. Ihre Energie will ganz unparteiisch in deinen Feldern Resonanz auslösen, denn so funktioniert Energie.

Es gibt viele Gründe, warum deine Felder dazu neigen, mit dem Status quo der allgemeinen Realität zu schwingen. Erstens wurdest du in ihn hineingeboren. Als Baby hattest du Felder, die noch frei waren. Sie enthielten nur das, was dein Geist-Selbst hineingegeben hatte. (Beobachte einmal, wie Babys immer im Geist sind, selbst wenn sie schreien.) Du warst ein Schwamm, der alles aufsaugte, was vorbeikam – und zwar eimerweise!

Du hast einige oder alle der folgenden Prägungen aufgenommen: „Ich muß hart arbeiten, um in der Welt bestehen zu können", „Der Mann verdient das Geld, die Frau ist abhängig", „Die Liebe ist launisch, falle bloß nicht auf sie herein", „Wenn ich nicht Erster bin, bin ich gar nichts" und „Dies ist viel zu schön, um wahr zu sein."

Diese Liste ist wirklich endlos. Sie ist eine Mischung veralteter Gedanken und Gefühle, die dich alle vom Jetzt-Punkt ablenken und deine Aufmerksamkeit darauf richten, was wohl in der Zukunft alles geschehen wird. Als Kind hast du diese Prägungen von deinen Eltern, Verwandten, Freunden und Lehrern erhalten, die ebenfalls infiziert waren.

Jedesmal, wenn du im Feld einer Person bist, die eine Schwingung abgibt, mit der du resonieren kannst, fängst du ihren „Kram" auf, verstärkst ihn, schickst ihn an sie zurück, bekommst wieder eine höhere Dosis und so weiter – und das ganze geschieht unbewußt. Es ist wie die positive Rückkopplung zwischen Lautsprecher und Mikrophon. Wenn dir diese Rückkopplung dient, lasse sie zu. Wenn es sich aber merkwürdig anfühlt, kann sie einen schönen Tag ruinieren, obwohl du nichts dafür getan hast, außer daß du im planetarischen Feld lebst.

Du mußt dieses ganze Zeug ableiten, denn es hält dich davon ab, deinen liebsten Radiosender einzustellen: den GEIST. Wie geht das?

Sei aufmerksam und nimm wahr, was andere sagen, denken und fühlen, und sei dir vor allem bewußt, wie es dich beeinflußt. Reinige deine Felder, wann immer du daran denkst, es handelt sich doch nur um Energie. Atme sie absichtlich aus oder laß deine Felder sich drehen.

Wenn du Obdachlose siehst, kannst du sie als herrliche Projektionen aus dem GEIST erkennen? Oder kommen Gedanken oder Gefühle hoch, die nach Beurteilung schmecken, wie zum Beispiel „besser als" oder „schlechter als" oder „nicht ich"? Du mußt nicht alle Menschen mögen. Doch kannst du den GEIST in ihnen respektieren, egal wie versteckt er auch sein mag? Kannst du unangemessenes Benehmen als richtig für sie ansehen? Schreckst du vor jemandem mit entstelltem Gesicht zurück? Fühlst du dich besser als ein Obdachloser, der nach billigem Fusel stinkt? Wenn ja, mußt du noch einige tiefe Prägungen aus dir beseitigen. (Aber bitte glaube nicht, daß du jetzt durch einen Test in Spiritualität gefallen bist.) Es handelt sich nur um Energie. Schau sie an, liebe sie, laß sie los. Sie hat dir die ganzen Jahre gut gedient, doch jetzt brauchst du sie nicht mehr.

Wie steht es denn mit deinen Lebensumständen? Übernimmst du die persönliche Verantwortung auch für Dinge, die dir nicht gefallen, wie zum Beispiel den Autounfall, den Rausschmiß aus deinem Job, das leckende Dach, den Streit mit deinem Partner? Jede Begebenheit in jeder Minute erschaffst du auf der einen oder anderen Ebene deines Wesens, und der Inhalt deines Mental- und Emotionalkörpers spielt eine große Rolle dabei, ob du es nun weißt oder nicht. Es gibt keine zufälligen Dinge im Universum. Auf einer bestimmten Ebene – sei es GEIST oder Persönlichkeit – erschaffst du jede Sekunde deines Lebens. Wenn das Universum nicht nach diesem Prinzip funktionieren würde, hieße das, daß Leute ihren Mist ohne deine Erlaubnis in deinen Feldern abladen könnten oder daß Dinge möglich wären, die nicht in Resonanz zu deinen Feldern stehen. Ich versichere dir, daß das Universum so nicht funktioniert.

Ich sage damit nicht, daß du alles, was in deinem Leben ist, bewußt willst. Ich sage nur, daß du es eingebracht hast, also muß es ein Teil von dir zu einer bestimmten Zeit auch gewollt haben. Vielleicht hast du eine Prägung, daß das Leben ein harter Lehrmeister ist. Wenn das der Fall ist, wirst du eine ganze Reihe sehr fordernde Arbeitsstellen haben, damit du dir die Wahrheit deiner Prägung bestätigen kannst. Und dies war zu gewissen Zeiten in deinem Leben auch in Ordnung. Du erschaffst deine eigene Realität, denn das Universum richtet sich so aus, daß es deine Blaupausen manifestieren kann. Dein Leben ist ein vollkommener Spiegel der Blaupausen, die du aus deinen Glaubenssätzen angefertigt hast. Die Realität, die du heute erfährst, spiegelt genau dein Bild von ihr. Halte ein und denke darüber nach. Es muß so sein. Andernfalls wäre das Universum auf Zufall aufgebaut.

Die Menschen um dich herum sind Teil deines Hologramms und reflektieren dir ebenfalls deine Bilder von der Realität. Wenn du mit einer Person überhaupt nicht resonieren würdest, gäbe es auch keine Basis für eine Beziehung – sei es Anziehung oder Abstoßung. So funktioniert das. Jedesmal, wenn etwas Bedeutungsvolles in deinem Leben geschieht, speicherst du die Erinnerung davon und die Emotionen, die du dabei hattest, als hochfrequente geometrische Formen in deinen mentalen, emotionalen und physischen Feldern. Diese Energie kann schon vorhandene Energie verstärken. Wenn also dein Bild von der Realität ist, daß du ein wertloses kleines Geschöpf bist, und dann jemand unfreundlich zu dir ist, läßt du diese Meinung in dich herein, und sie stärkt das Bild, das du von dir hast. Noch schlimmer ist, daß sich Angstenergie nicht bewegt, sondern in deinen Feldern festsitzt. Wenn du aber ein positives Selbstbild besitzt, weißt du, daß die Person nicht auf dich persönlich reagiert, sondern auf das, was du für sie repräsentierst. Etwas, was du gesagt hast, oder dein Aussehen erinnert sie an etwas, was überhaupt nichts mit dir zu tun hat. Die negative Energie dieser Begegnung sitzt also nur als eine Erinnerung in deinen Feldern, ohne jedoch eine emotionale Ladung zu haben.

Wenn sich zwei Menschen treffen, die ähnliche Bilder von der Realität haben, können die geometrischen Figuren miteinander interagieren und sich vermischen. (Gleiches zieht Gleiches an.) Wenn also ein Mann und eine Frau beide glauben, daß Männer stark sind und Frauen schwach, werden ihre geometrischen Figuren ineinanderklicken, sich vermischen und aneinander kleben. Diese Menschen sind nun in einer unfreien Partnerschaft gefangen. Wenn sich andererseits zwei Menschen treffen, die beide an ihre Meisterschaft glauben, werden sich ihre Figuren auch miteinander vermischen. Doch sie werden nicht aneinander hängenbleiben, denn ihre Glaubenssysteme sind offen, ihre geometrischen Figuren drehen sich schneller, und Energie fließt andauernd durch ihre Felder.

Was magst du an deinem Körper, an deinen Gefühlen, Gedanken, Lebensumständen, Freunden? Oder was magst du nicht an ihnen? Gibt es etwas, was du gerne verändern möchtest? Was du nicht magst, sagt dir etwas über die Energie in deinen Feldern. Sonst hättest du nicht darauf kommen können. Die Energie wäre unbemerkt durchgeflossen. Doch sie ist an blockierter Energie hängengeblieben, hat sie verstärkt, und du hast es bemerkt. Du hast sie absichtlich dort hineingegeben, doch benötigst du sie immer noch? Falls nicht, erkläre, daß du der Herr in deinem eigenen Hause bist, und verbanne sie hiermit:

> *„Ich bin der Meister meines eigenen göttlichen Ausdrucks. Ich erkenne, daß ich mich .... fühle und daß dies nicht länger meinem Weg ins Licht dient. Durch die Kraft der Gnade lasse ich die Energie .... los und schicke sie zurück ins Universum, damit sie zum höchsten Wohl aller in die höchste Form des Lichts umgewandelt wird."*

Lasse auf diese Weise systematisch allen Ballast los, den du über die Jahre angesammelt hast. Dort, wo du hingehst, brauchst du ihn nicht, und momentan bremst er dich nur.

Wir haben bereits über Scham gesprochen. Ein weiterer besonders schwerer Ballast ist Schuldzuweisung. Auch sie ist alte Energie, und du kannst sie so loswerden:

Visualisiere nach und nach alle Personen (eine nach der anderen), mit denen du jemals bedeutende Auseinandersetzungen im Leben gehabt hast: Eltern, Partner, Kinder, Vorgesetzte, Vermieter usw. Wenn du sie intensiv visualisierst, stehst du in Kontakt mit ihrem Geist-Selbst. Sage ihnen (laut oder in Gedanken, ganz, wie du willst), daß du ihnen alles vergibst, was sie dir je angetan haben. Es spielt keine Rolle, ob diese Leute selbst glauben, daß sie dich verletzt haben. Wichtig ist nur, was du fühlst, denn dies ist die Energie, die in deinen Feldern gefangen ist. Sage ihnen, daß du verstehst, daß alles nur nach vorheriger Absprache geschehen ist, und du das vorher nicht gewußt hast. Danke ihnen, daß sie ihren Teil der Absprache erfüllt haben, und sage, daß du sie liebst. Dieser Prozeß kann mehrere Stunden dauern.

Als nächstes stelle dich vor einen Spiegel und tue dasselbe für dich. Vergebe dir jedes Versagen. Sage dir, daß es nur nach vorheriger Absprache passieren konnte, und schau dir an, was du daraus gelernt hast. Erinnere dich daran, daß Meister niemals versagen. Alles passiert genau so, wie sie es beabsichtigt hatten. Das einzige, was Meister zu tun haben, ist, dem Licht zu dienen.

Wir sind schon ziemlich weit gekommen. Wir haben Einprägungen, Beurteilung, Angst und, am wichtigsten, Selbstbeurteilung losgelassen. Was ist jetzt noch übrig? Vielleicht noch etwas von deinen Ko-Inkarnationen? Wiederhole also das

110

kleine Ritual des Vergebens, dieses Mal halte es aber allgemeiner:

„Ich vergebe jedem, auf jeder Ebene, von dem ich denke, daß er mich in diesem oder einem anderen Leben verletzt hat. Ich vergebe alle Schulden und lösche alles Karma aus. Ich entscheide mich für das Licht."

Wenn du sprichst, lege Ausdruck und Absicht in deine Worte. Vielleicht brauchst du ein paar Anläufe, doch du wirst spüren, wenn es erledigt ist.

* * *

Du kannst dich nicht dazu manipulieren, dir selbst oder anderen zu vergeben. Du solltest es auch nicht versuchen, nur weil es so spirituell ist. Um zu wissen, daß du wirklich vergeben hast, halte nach Dankbarkeit Ausschau. Wenn du Dankbarkeit für eine Prägung oder eine Erfahrung fühlen kannst (selbst wenn sie so tiefgreifend wie Inzest oder Vergewaltigung sind), bist du frei. Du wirst einen seelentiefen Respekt für dich und die andere Person fühlen, die dir auf solch herausfordernde Art geholfen hat. Solch ein Dienst erfordert große Liebe und großes Mitgefühl. Und denke daran: Es gibt keine Opfer – nur Mitschöpfer. Du hast die Natur der Prägungen selbst gestaltet und andere gebeten, bei deinem Spiel mitzumachen.

Bei deiner Inkarnation hast du verschiedene Blockaden und Gelübde in deine Persönlichkeit und deine Energiekörper eingebaut. Sie sollten dich davon abhalten zu erkennen, wer du wirklich bist. Falls dein Geist-Selbst zustimmt, kann es jetzt an der Zeit sein, diese Blockaden und Gelübde loszulassen. Und das nicht nur für dich selbst, sondern für deine ganze Abstammungslinie bis zurück zum Anbruch der Geschichte. Da diese Technik sehr kraftvoll ist und auf alle deine Ahnen wirkt, mußten wir von verschiedenen Konzilien die Genehmigung einholen, um diese Information bereitstellen zu können. *Wenn sich diese Technik für dich richtig anfühlt*, dann sprich alleine oder in der Gruppe (Gruppenarbeit ist wesentlich kraftvoller als Einzelarbeit) folgende Worte. Sprich sie mit Absicht und Überzeugung:

Die "Technik"

„Ich hebe hiermit alle Gelübde auf, die ich getan habe, um die Illusion der Unbewußtheit erfahren zu können.

Als der Lichtträger in meiner genetischen Ahnenreihe breche ich diese Gelübde für mich selbst und für alle meine Vorfahren.

Ich erkläre diese Gelübde für nichtig in dieser Inkarnation, in allen anderen Inkarnationen über Raum und Zeit hinweg, in Parallelrealitäten, Paralleluniversen, Alternativrealitäten, Alternativuniversen, allen Planetensystemen, allen Dimensionen und allen Systemen der Quelle.

Ich bitte darum, alle Kristalle und sonstigen Gegenstände, Gedankenformen, Emotionen, Matrizen, Schleier, Zellgedächtnisse, Bilder der Realität, genetische Beschränkungen und den Tod JETZT loslassen zu können.

Im Namen des Gesetzes der Gnade, im Namen des Dekrets des Sieges! Im Namen des Dekrets des Sieges! Im Namen des Dekrets des Sieges!

Ich bitte darum, erwachen zu können – wenn der GEIST es will. Wenn der GEIST es will, sind wir erwacht!

Am Anfang, BIN ICH, WAS ICH BIN! B´ray-sheet, Eh-yah esher Eh-yah!"

Dies säubert den Speicher und den Keller. Nun ist es an der Zeit, eine neue Energie unter deine Kontrolle zu bringen. Es ist Zeit, mit dem GEIST Kontakt aufzunehmen!

112

8

AUSRICHTUNG AUF DEN GEIST

Die erste Frage ist: „Warum bin ich nicht längst in Kontakt mit dem GEIST, wenn meine wahre Natur GEIST ist?"

Hier haben wir also noch etwas, für das du – ohne Schuldzuweisung – Verantwortung tragen mußt. In dem Moment, als du geboren wurdest, hast du – als GEIST – das Schwierigste und Schmerzhafteste im ganzen Universum getan: Du hast dich auf der Erde inkarniert. Nirgendwo sonst, auf keinem anderen Planeten, sind die Schleier zwischen der physischen Ebene und den höheren Ebenen so dicht wie auf der Erde. Als du in den Körper gekommen bist, wußtest du, daß du die Regeln befolgen würdest, die du mitgestaltet hattest, da du die Spezies unterstützen wolltest. Du hast einen Konzentrationspunkt etabliert, der das Wissen ausblendete, wer du wirklich bist. Vielleicht hast du gedacht: „Kein Problem! Ich werde mich bald wiedererinnern. Es geht ja nur um ein paar Jahrzehnte." So hast du dich durch einen engen Tunnel gezwängt, bist in den Körper geschlüpft und kamst in einer hellen, kalten Welt an. Du wurdest kopfunter gehalten und bekamst einen Klaps auf den Po, damit du atmetest. Aua! Du hast die Schleier zugezogen, damit du vergessen konntest, daß du GEIST bist, und von diesem Moment an hast du versucht, dich zu erinnern, wer du wirklich bist.

Der erste Schritt zur Erinnerung beinhaltet, Verantwortung zu übernehmen für das Vergessen. Du könntest über diese Zeilen einmal nachdenken:

Wichtig:
Oft wiederholen!

„Ich bin GEIST. Als ich mich in diesen Körper inkarnierte, vergaß ich absichtlich, um mir die Chance des Wiederentdeckens zu ermöglichen. Ich bin GEIST, der mit sich selbst Verstecken spielt. Die Absprache war, daß das Spiel vorbei ist, sobald ich mich wiedererinnern würde. Ich erinnere mich nun und erkläre das Spiel für beendet. Ich habe mich inkarniert und diese Regeln akzeptiert, damit ich das Entdecken meiner wahren Natur genießen kann. Ich bin GEIST."

Nach ein paar Wiederholungen und etwas Zeit, die deine Felder brauchen, um sich auf diese Wahrheit auszurichten, wirst du finden, daß sich deine Wahrnehmung verändert. Du wirst Situationen betrachten und sagen:

neue
Betrachtungsweise

„Ich habe dies getan, um zu lernen, was es heißt, ein limitiertes menschliches Wesen zu sein", „Ich habe diese Person in mein Leben gebeten, um mit ihr eine Erfahrung zu machen" und „Wie kann mir diese Einsicht auf meinem Weg des Lichts weiterhelfen?"

Damit hast du deine Meisterschaft zurückgefordert. Anstelle Mary Jones, Tochter, Partnerin, Mutter, Arbeiterin usw. zu sein, bist du nun GEIST, der die Mary-Jones-Funktion ausübt – was auch immer das sein mag. Und die Mary-Jones-Funktion wird sehr schnell deutlich werden.

Erkenne an, daß du hier bist, weil du – als GEIST – hier sein wolltest. Du hattest bestimmte Vorstellungen darüber, was du erreichen wolltest, und nun ist es Zeit zu sehen, ob du noch auf der richtigen Spur läufst. Es ist Zeit, dich auf dein Geist-Selbst auszurichten und dir seiner vollkommen bewußt zu werden.

Es gibt so viele Möglichkeiten, den GEIST zu verkörpern, wie es Körper gibt. Jede wird einzigartig sein. Es gibt aber einige allgemeine Richtlinien. (Doch erinnere dich daran, daß es sich nicht wie ein Feuerwerk anfühlen wird, denn du warst niemals wirklich getrennt vom GEIST, so isoliert du dich auch gefühlt haben magst.) Du hast nur vergessen, wo du nachschauen kannst. Und wenn du schon einmal bis hierher gekommen bist, hast du bereits die Energiemuster geklärt, die

114

für die Widerstände verantwortlich sind, die eine „Feuerwerksreaktion" verursachen könnten.

Wir sind Merlin sehr dankbar für folgende Möglichkeit, den Geist zu verkörpern:

„Vereinige deine Chakren und bitte die entsprechende Ebene des GEISTES, sich mit deinem vereinigten Feld durch das Herzchakra zu verbinden. Visualisiere einen rosafarbenen oder roten Kristall im Herzchakra, der hell strahlt. Sieh, wie er wächst und größer als du wird. Nähere dich ihm und berühre ihn. Du wirst bemerken, daß du leicht durch seine Wände gehen kannst. Sie sind aus rosafarbenem Licht. Tritt ein und schau dich um. Jemand wird da sein, um dich zu begrüßen. Es ist eine Form, die dein Geist-Selbst projiziert hat. Du wirst womöglich Wellen der Liebe, des Mitgefühls und der Fürsorge wahrnehmen.

Was du als nächstes tust, hängt ganz von dir selbst ab. Du kannst dich einfach in diesem Licht sonnen, Fragen stellen, Führung erbitten oder Freundschaft schließen. Bitte diese Energie, daß sie in deinem Herzchakra bleiben und dich bei allem, was du tust, führen möge. Bitte darum, daß du – als GEIST – dich mit dem vereinigten Feld verbinden kannst, damit es ausgerichtet bleibt und immer größere Mengen hochfrequenter Energie verkörpern kann. Wenn du dich erfüllt fühlst, laß das Bild verblassen und wende dein Bewußtsein wieder deiner Umgebung zu. Affirmiere: Ich bin GEIST! Ich bin ein Meister in allem, was ich tue!"

Wiederhole diese Begegnung sooft du willst. Sei so frei und entwerfe dir eigene Begegnungen. Manche Leute haben einen Lieblingsort, den sie einmal besucht haben und an den sie sich gerne erinnern. Andere bauen sich einen inneren Ort, zu dem sie gehen. Etwas, was du dir vorstellst, ist nicht weniger real als ein physischer Ort oder ein physisches Ding. Der einzige Unterschied ist, daß die allgemeine Realität keinen privaten Ort für dich bereithält. Doch seit wann kümmerst du dich um die allgemeine Realität?

Verfüge einfach, daß dein Geist-Selbst da sein wird, um dein Ego-Selbst zu begrüßen, wenn du zu deinem Treffpunkt kommst. Du begegnest vielleicht einer Figur, die dein Ego angemessen findet. Zum Beispiel einer sehr attraktiven Frau oder einem weisen, mitfühlenden Mann. Doch egal, wer kommt, du brauchst keine Angst zu haben. Du hast zum Beispiel all die archetypischen Aspekte der alten weisen Frau und des Sensenmannes in dir, und diese Aspekte deiner Geist-Funktion könnten eine wertvolle Botschaft für dich enthalten. Merke dir einfach: Wen auch immer du triffst, es handelt sich immer um dich. Sei dankbar für die Möglichkeit, dich mit diesem scheinbar anderen Wesen so weit verbinden zu können, daß es keine Unterscheidung mehr gibt.

Eine spezifischere Technik von Ariel kann dazu benutzt werden, dem GEIST zu folgen und Einsichten über Alltagsdinge zu erhalten. Diese Technik arbeitet auf der Basis, daß dein Mentalkörper in der Zukunft, dein Emotionalkörper in der Vergangenheit und dein physischer Körper in der Gegenwart lebt.

Stelle eine Frage wie zum Beispiel: „Wie wird es sein, wenn ich die Arbeit X annehme?" oder „Wie würde es funktionieren, wenn ich die Person Y heirate?"

Vereinige deine Chakren und lade den Geist ein, aus deinem Herzen in das vereinigte Chakra zu strahlen. Dann stelle dir eine Tür vor, auf der die Frage geschrieben steht. Sage dir, daß du hinter dieser Tür die fragliche Situation leben kannst – die volle, lebendige, atmende, erfahrbare Situation. Hinter dieser Tür hast du die Arbeit X bereits angenommen oder die Person Y geheiratet, und es gibt kein Zurück mehr. Es ist geschehen und ganz real! Wie fühlst du dich in deinem Körper? Entspannt, gelassen, froh, glücklich, daß du die richtige Entscheidung getroffen hast? Oder angespannt, voller Angst und wütend, daß du mal wieder alles falsch gemacht hast? Dein Geist-Selbst hat sich mit deinen niedrigeren Feldern verbunden. Durch die Resonanz mit dem Selbst, das die Entscheidung getroffen hat, hat das Geist-Selbst die Energien angeglichen und kann dir einen Vorgeschmack davon geben, was das Ergebnis deiner Entscheidung ist. Daher kommt die Körperreaktion.

Bevor du diesen Ort verläßt, schau auf die Tür, auf der „Der Vorschlag des Geistes" steht. Diese Tür strahlt und leuchtet vielleicht, und es fühlt sich an, als wäre sehr gute Energie dahinter. Du möchtest vielleicht diese Tür öffnen und durchgehen. Wenn du vorher um einen Partner gebeten hast, wirst du ihm hinter der Tür begegnen. Vielleicht ist es jemand, den du schon kennst, vielleicht ist es eine fremde Person. Wenn du um eine Arbeitsstelle oder ein Haus gebeten hast, siehst du dich vielleicht in einer bekannten Umgebung oder ganz woanders. Dies wird dich überraschen, doch laß es etwas auf dich wirken. Wie fühlt sich dein Körper jetzt an?

Denke daran, daß du immer die freie Wahl hast. Dies ist Teil des Spiels. Als Geist hoffst du auf völlige Verschmelzung. Doch dies muß von beiden Seiten gewollt und kann keine feindliche Übernahme sein. Aber da du ja auf der Überholspur in Richtung Aufstieg bist, willst du wirklich Zeit damit verschwenden, Entscheidungen auszuprobieren, die nicht aus dem Geist kommen?

Simultane Zeit

Die folgende Technik vermittelt dir ein Gefühl von der Struktur der Zeit aus der Sicht des GEISTES. In den folgenden Ausführungen werde ich JETZT immer groß schreiben, um zu betonen, daß der JETZT-Punkt existiert und der Moment ist, in dem du dieses Buch liest und daß ich nicht die vielen Jetzt-Punkte meine, die deinem Ego-Selbst für gewöhnlich nicht zugänglich sind. Aber natürlich sind alle Jetzt-Punkte dem GEIST zugänglich.

Dieser JETZT-Punkt ist, wo du bist und wo deine Kraft liegt, mit der du auf allen Ebenen arbeiten kannst. Der vorherige Jetzt-Punkt ist vorbei, und dein Ego-Selbst kann nicht zurückgehen und etwas verändern. Der nächste Jetzt-Punkt ist noch nicht da, also kann auch hier dein Ego-Selbst noch nichts ausrichten. Du kannst dir Zeit als schmale Brücke über einen Abgrund vorstellen. Alles dehnt sich in alle Richtungen aus, doch konzentriert in einem kleinen JETZT-Punkt. Dein Bewußtsein ist die Brücke von der Vergangenheit in die Zukunft. Alles muß sich JETZT durch das Nadelöhr zwängen. Die Zukunft fließt durch das JETZT, um zur Vergangenheit zu werden. Beim Durchfließen kannst du sie verändern, neu definieren, verstärken oder ihre Durchreise in die Vergangenheit als Teil deiner persönlichen Geschichte verneinen.

> Stelle dir eine Situation vor, die du gerne verändern möchtest. Du stehst auf der Brücke der Zeit und siehst sie auf dich zukommen. Sie bittet um Genehmigung, den Schritt in deine Gegenwart machen zu dürfen. Sage ihr, daß sie nur in deine Gegenwart kommen kann, wenn sie sich verändert. Baue die Situation um – ob es sich nun um eine Person, eine Unterhaltung oder ein Ereignis etc. handelt – und lasse sie durch. Du veränderst damit die Energie dieser Situation im JETZT-Punkt.

Diese Technik verändert die Blaupause der Realität und macht dich zum Architekten deiner Realität. Der GEIST arbeitet auf der Zeitlinie, die in jeden Jetzt-Punkt führt. Zeit ist nur eine weitere Dimension, und du kannst dich in ihr so leicht bewegen wie im Raum. So wie der Raum, in dem du dich befindest, als Fokuspunkt wirkt, ist der JETZT-Punkt, in dem sich dein Ego-Selbst befindet, ebenfalls ein Fokuspunkt für dein Geist-Selbst. Der JETZT-Punkt ist der Treffpunkt für Ego- und Geist-Selbst. Er ist der Punkt der Einheit, in dem du deine volle persönliche Kraft ausüben kannst.

Sich zu wünschen, daß in der Zukunft etwas wahr werden wird, ist nutzlos. Dein Ego versucht, die Zeitlinie zu überspringen, und hat keine Macht, in der Zukunft zu wirken. Es ist, als wolltest du etwas Schweres anheben, ohne im Gleichgewicht zu stehen. Du besitzt keine Hebelwirkung und fällst um.

Wie kannst du also einen zukünftigen Jetzt-Punkt vom jetzigen JETZT-Punkt aus beeinflussen? Durch dein Feld! Wenn du deine Chakren und deine drei niedrigen Felder vereinigst und den GEIST in das vereinigte Feld einlädst, kannst du zu diesem anderen Jetzt-Punkt gelangen.

Stell dir vor, du hast morgen ein Vorstellungsgespräch für eine Arbeitsstelle, die du wirklich gerne hättest. Vereinige deine Chakras und lade den GEIST ein, von deinem Herzen aus in das vereinigte Chakra hineinzustrahlen. Stelle dir wieder eine Tür vor. Hinter dieser Tür hast du die neue Arbeit bereits angetreten.

Schau mal hinter die Tür, um nachzusehen, ob es sich auf allen Ebenen wirklich gut anfühlt und ob es im Einklang mit dem GEIST steht. Diese Ausrichtung ist sehr wichtig, denn wenn dein neuer Chef und du keine Geist-zu-Geist-Absprache zur Zusammenarbeit getroffen habt, wird das Gespräch morgen nur ein Übungsgespräch für dich werden. Wenn ihr aber eine Absprache habt, dann wirst du dich anstrengen müssen, um den Job nicht zu bekommen. Es macht keinen Sinn, den Wortlaut des Interviews im voraus festzulegen. Dies würde dich in ein Mentalkörper-Muster einschließen. Setze dich statt dessen ruhig hin und fokussiere deine Felder auf diesen JETZT-Punkt und JETZT-Raum. Werde zu einem konzentrierten Punkt aus physischer, mentaler, emotionaler und spiritueller Energie. Wenn du weißt, was diese Arbeit beinhaltet und was genau deine Aufgabe wäre, dann sieh, denke und fühle, wie du diese Arbeit JETZT tust und nicht in der Zukunft. Mache es so realistisch wie möglich. Stelle dir die Gerüche und Geräusche an diesem Arbeitsplatz vor. Bringe dies alles in deinen JETZT-Punkt. Hole nach ein paar Minuten dein Bewußtsein zurück.

Was ist geschehen? Du hast eine Resonanz zwischen zwei Jetzt-Punkten simultan hergestellt. Du bist aus deinem momentanen JETZT-Punkt in die Energie eines zukünftigen Jetzt-Punktes eingetreten. Indem du die Energie der Möglichkeit, die Arbeit zu bekommen, in deinen JETZT-Punkt geholt hast, hast du die Intensität in deinen JETZT-Punkt-Energiefeldern erhöht. An einem Punkt in der Zukunft müssen du und ein Gesprächspartner eine Entscheidung über die Einstellung treffen. Viele Möglichkeitslinien gehen von diesem Entscheidungspunkt aus. Du hast dir die Energie einer Linie ausgesucht und sie dir in deine Gegenwart geholt.

Hieraus leiten sich einige Dinge ab. Da du bei dieser Übung dein Geist-Selbst hast teilnehmen lassen, war auch das Geist-Selbst des Gesprächspartners beteiligt. Eigentlichen Gesprächen gehen immer mediale Gespräche voraus, oft wenn du schläfst. Da du dir die Arbeitssituation im voraus angeschaut hast, bist du ein bewußter Mitspieler und hast deine Absicht in den Topf der Möglichkeiten geworfen.

120

Vielleicht hast du während der Übung widrige Reaktionen, wie zum Beispiel Husten, Atembeschwerden oder Muskelverspannungen gespürt. Dies zeigt an, daß du vielleicht deine Absicht neu definieren solltest. Einige der Energien in diesem Zukunftsfeld standen nicht in Übereinstimmung mit dir. Vielleicht handelt es sich dabei um die Energie eines bestimmten Kollegen oder um Gifte in der Luft des Gebäudes. Bleibe einfach offen und frage dich selbst, was die Symptome bedeuten.

Nehmen wir an, es gibt drei Möglichkeiten für den Ausgang des Gesprächs. Du bekommst die Arbeit zu deinen Bedingungen, zu den Bedingungen des Arbeitgebers oder überhaupt nicht. (Denke bitte daran, daß die letzte Möglichkeit die angemessenste sein kann – vielleicht arbeitet deine Zwillingsflamme in der Firma, bei der du dich als nächstes bewirbst.) Sieh, wie diese drei Linien von einem Punkt ausgehen, oder stell dir drei Türen vor, auf denen die drei Möglichkeiten stehen. Sage dir selbst, daß du die Linie oder die Tür willst, die die größte Freude bringt. Vielleicht beginnt dann eine mehr zu leuchten als die anderen. Wenn dies der Fall ist, gehe zu dieser Linie oder durch diese Tür und sieh, wie sich dies anfühlt. Wenn keine Tür aufleuchtet, kannst du darüber nachdenken, ob du überhaupt zu diesem Vorstellungsgespräch gehen willst. Ganz bestimmt steht es momentan nicht im Terminkalender des GEISTES.

Dein Ego im zukünftigen Jetzt-Punkt ist genauso real wie du in diesem Moment. Es ist ebenfalls aus Fleisch und Blut, aber von deinem gegenwärtigen Referenzpunkt aus nicht zugänglich. Verändere also deinen Referenzpunkt. Bewege deinen Fokuspunkt zu dem des GEISTES und schau einmal nach, was in jenem Jetzt-Punkt für dich los ist. Mit ein wenig Übung wirst du bald zwei Fokuspunkte zweier verschiedener Jetzt-Punkte im JETZT-Punkt aufrechterhalten können.

Dehne sie auf drei und dann auf vier Jetzt-Punkte aus. Bald wirst du das Gefühl haben, in der Zeit ausgedehnt zu sein wie Öl auf einer Wasseroberfläche. Du wirst finden, daß deine Gegenwart an manchen Stellen kräftiger ist – dies sind deine Ko-Inkarnationen. Sende ihnen Liebe und Ermutigung. Versuche dir vorzustellen, was ihnen deine Präsenz bedeutet.

Du hast nun die Ebene der simultanen Zeit betreten – eine wahrhaftige GEIST-Perspektive – und kannst jede Begebenheit in der Zukunft oder der Vergangenheit durch Resonanz beeinflussen. Angenommen, du begegnest einem Selbst von dir in Atlantis, das sich nicht entscheiden kann, ob es die Identifikation mit dem GEIST oder dem Ego wählen soll. Allein der Kontakt mit deinem vereinigten Feld wird durch Resonanz verhindern helfen, daß die Seele-Geist-Spaltung in jenem Leben passieren kann. Dieses Selbst ist vielleicht Teil der Priesterschaft und könnte so noch viele Zeitgenossen beeinflussen.

In der simultanen Zeit verscheuchen wir also die Idee, daß etwas, was passiert ist, längst vorbei ist und nicht mehr verändert werden kann und daß die Zukunft noch nicht da ist und deshalb auch nicht verändert werden kann. Du kannst sie verändern, wenn du ganz in der Gegenwart verankert bist und Resonanz benutzt, um auf beiden Seiten des JETZT-Punktes zu arbeiten. Deine vereinigten Felder arbeiten auf eine Art, von der du bewußt nichts weißt.

Es gibt viele Techniken, die du benutzen kannst, um GEIST und Ego aufeinander auszurichten und zu vereinigen. Erfinde neue Techniken und gib sie an andere weiter.

Im nächsten Kapitel erforschen wir Einheit näher – die Einheit mit allem. Denn du warst niemals etwas anderes als alles. Etwas, was du mehr und mehr hören wirst, ist, daß GEIST eine Einheit ist, ein Energiekontinuum, das auf unbeschreiblich komplexe Weise organisiert, jedoch immer noch eine Einheit ist. Sie ist „Funktion", die getrennt aussieht.

9

EINHEIT

Die physische Ebene ist ein seltsamer Aufenthaltsort. Alles scheint voneinander getrennt zu sein. Jeder Mensch betrachtet die eigene Haut als Grenze seines Wesens. Gegenstände scheinen fest umrissene Kanten und Oberflächen zu besitzen. Ereignisse scheinen an gewissen Punkten zu beginnen und zu enden. Doch nichts davon ist wahr.

Deine persönlichen Felder bilden einen Kreis um dich, der ein paar Meter oder ein paar Kilometer Durchmesser haben kann. Das hängt von dem Frequenzband ab, auf das wir uns beziehen. Die Bandbreite deiner Frequenzen erstreckt sich von den dichten stehenden Wellen deines physischen Körpers (deine physischen Sinne verleiten dich zu glauben, daß er fest sei) bis zu den höchsten Schwingungen reiner Liebe, woraus dieses und jedes andere Universum besteht.

Alle Dinge in deinem Leben sind aus reiner Energie gemacht, die angeregt umherschwirrt und Hitze und Licht aussendet oder reflektiert. Du nimmst dies wahr, und mit ähnlich energetischen Händen fühlst du die Dinge. In einem der großartigsten schöpferischen Prozesse, die im Universum ablaufen, setzt dein Gehirn die erhaltenen Daten über die Energie zusammen und registriert diese als etwas Festes.

Die Ereignisse in deinem Leben sind ein komplexes Gewebe von Verbindungen. Ein scheinbar zufälliges Treffen mit einem alten Schulfreund beruht vielleicht auf einer Vereinbarung, die ihr schon vor eurer Geburt getroffen habt. Als GEIST hattet ihr vielleicht geplant, erst bestimmte Fähigkeiten und Kenntnisse zu erlangen und euch dann wieder zu treffen, damit der eine dem anderen eine Arbeitsstelle anbieten kann. Oder ihr hattet geplant, erst die Grundlagen für eine Beziehung zu schaffen, euch bei eurem Treffen zu verlieben und schließlich zu heiraten.

Es wird dir immer leichter fallen, alles vom Standpunkt des GEISTES aus zu betrachten und zu sehen, daß es keine Individuen, keine getrennten Dinge und keine isolierten Ereignisse gibt. Es gibt nur Energie, die hin und her fließt und ihre Frequenz ändert.

Als nächstes taucht vielleicht die Frage auf: „Wenn dies wahr ist, wie kann ich mich bewußt auf dieses Fließen einstimmen?"

Das Einheits-Band

Wir haben bereits ausführlich von den Feldern und den Frequenzbändern gesprochen. Erinnere dich daran, daß die Dimensionen keine Orte sind, sondern Frequenzbänder, die sich mit denen eines Radios vergleichen lassen. Sie tragen eine andere Art von Energie, die eine viel höhere Frequenz besitzt, doch das Prinzip ist ähnlich.

Ariel bietet uns folgendes zwölfdimensionales Modell an, das eine Vorstellung von den verschiedenen Dimensionen vermittelt:

Dein physischer Körper existiert in der dritten Dimension, der Dimension der Materie. Die vierte Dimension ist die astrale Ebene, die Ebene der Emotionen. Die beiden zusammen bilden die *untere Schöpfungswelt*. In diesen Dimensionen vollzieht sich das Spiel der Abtrennung. Nur hier kann die Illusion von Gut und Böse aufrechterhalten werden, nur hier kannst du dich vom GEIST und allem getrennt fühlen. Du hast es darin zur Meisterschaft gebracht. Das Spiel der Abtrennung hat gut funktioniert, doch nun ist es beinahe zu Ende, denn dieser Planet ist im Begriff aufzusteigen. Er schwingt bereits in der höchsten Frequenz der astralen Ebene, an der Grenze zur fünften Dimension. Dieser Prozeß wird auch dazu führen, daß die vier unteren Dimensionen in die höheren „aufgerollt" werden und aufhören zu existieren.

Von der fünften bis zur neunten Dimension erstreckt sich die *mittlere Schöpfungswelt*. Die fünfte Dimension ist die Ebene des Lichtkörpers. Dort ist dir bewußt, daß du ein Meister und ein multidimensionales Wesen bist. In der fünften Dimension bist du ausschließlich spirituell orientiert. Viele unter euch sind von dieser Dimension gekommen, um hier Lichtarbeiter zu sein.

Die sechste Dimension besteht vorrangig aus Farbe und Klang und trägt die Matrix aller DNS-Muster zur Erschaffung der Spezies, einschließlich des Menschen. Dort werden auch die Lichtsprachen aufbewahrt. Sie ist eine der Ebenen, wo du während des Schlafes arbeitest und wo das Bewußtsein durch Gedanken erschafft. Wenn du in der sechsten Dimension aktiv bist, hast du in aller Regel keinen Körper (es steht dir jedoch frei, einen zu erschaffen). Du bist so etwas wie ein lebender Gedanke. Du erschaffst durch dein Bewußtsein, aber du hast nicht unbedingt ein Vehikel für dieses Bewußtsein.

Die siebte Dimension gehört der reinen Schaffenskraft, dem reinen Ausdruck, der reinen Geometrie, dem reinen Licht und Klang. Sie ist die Ebene unendlicher Verfeinerung.

Die achte Dimension ist die Ebene der Gruppenseele. Dort kommst du auch auf umfassendere Weise mit deinem wahren Wesen in Kontakt. Das charakteristische an dieser Ebene ist, daß du dich nicht länger als ein „Ich" empfindest. Wenn du durch die verschiedenen Dimensionen reist, wirst du auf dieser Ebene die größten Schwierigkeiten haben, dein Bewußtsein zusammenzuhalten, denn du bist reines „Wir" und arbeitest an Gruppenzielen. Nach einem Aufenthalt in dieser Dimension mag es dir vorkommen, als hättest du geschlafen oder kurz das Bewußtsein verloren.

Die neunte Dimension in dem Modell, das wir benutzen, ist die Ebene des kollektiven Bewußtseins von Planeten, Sternsystemen, Galaxien und Dimensionen. Auch dort ist es schwierig, sich als „Ich" zu empfinden, denn du bist so umfassend, daß alles „Du" ist. Stell dir vor, du bist das Bewußtsein einer Galaxie. Jede Lebensform, jeder Planet, jeder Stern ist du. Wenn du diese Dimension besuchst, kann es dir schwerfallen, bewußt zu bleiben.

Die zehnte, elfte und zwölfte Dimension bilden die *obere Schöpfungswelt*. Die zehnte Dimension ist die Quelle der Strahlen, das Heim der sogenannten Elohim. Dort findet die Differenzierung von Licht statt, und dort ist die Quelle der Schöpfungspläne, die zu den *mittleren Schöpfungsebenen* geschickt werden. Du kannst dich als ein „Ich" empfinden, doch es läßt sich nicht mit dem vergleichen, was du hier als dein „Ich" kennst. Die elfte Dimension ist die Ebene des vorgeformten Lichts – der Punkt vor dem Schöpfungsanfang, an dem gespannte Erwartung herrscht, gerade wie vor einem Niesen oder einem Orgasmus. Es ist das Reich des Wesens, das als Metatron bekannt ist, das Reich der Erzengel und des Höheren Akasha für dieses Quellen-System. Es gibt planetarische Akasha-Chroniken, galaktische Akashas sowie eine Akasha für das ganze Quellen-System.

Du befindest dich in einem Quellen-System unter vielen. Wir geben dir also lediglich die Beschreibung dieses einen Quellen-Systems. Die anderen Quellen-Systeme halten ganz andere Erfahrungen bereit. Als einer der Erzengel gehöre ich zur elften Dimension. Wir kommen zu dir als Boten – dies ist auch die wörtliche Bedeutung von „Erzengel". Erzengel zu sein ist eine meiner vielen Funktionen. Ich habe auch eine Elohim-Funktion, die aber nicht so sehr durch Sprache vermittelt wird. Ich habe sehr viele Aufgaben.

Die zwölfte Dimension ist der Eins-Punkt, an dem sich alles Bewußtsein als absolut eins mit Allem-was-ist erkennt. Es gibt keinerlei Trennung mehr. Wenn du dich in diese Ebene einklinkst, erlebst du dich als vollkommen eins mit Allem-was-ist, mit der Schöpferkraft. Danach wirst du niemals mehr der gleiche sein, denn du kannst nicht das Maß an Trennung aufrechterhalten, wenn du vollkommene Einheit erfahren hast.

GEIST schafft die Illusion der Trennung in den ersten sieben Dimensionen; auf den höheren Frequenzen werden Unterscheidungen vollkommen bedeutungslos und alles ist GEIST. Auf all diesen Ebenen existiert aber ein klar definiertes Band, das als Medium der Vereinigung fungiert. Es ist wie der offene Kanal auf CB-Funk, nur daß du nicht nur darauf sprichst, sondern Teil davon bist. Wenn du dein Bewußtsein auf die Frequenzen dieses Einheits-Bandes einstellst, erfährst du vollkommene Einheit mit allem, was ist. Dieses Band heißt auch Christus-Band, denn es wird von der Christus-Ebene ausgestrahlt. Es übermittelt allen Ebenen mit niedrigerer Frequenz seine harmonischen Unterschwingungen. Die Energie der Christus-Ebene ist deine Energie. Es ist die Ebene, auf der du als Christus-Wesen ohne jede Trennung existierst. Aus Bequemlichkeit nennen wir diese vereinigende Funktion auch Christus-Offizium. Diese Funktion hat sich im Laufe der Erdgeschichte mehrmals direkt in menschlicher Form manifestiert. Du kennst diese Wesen als Quetzalcoatl, Hiawatha, Lao-tse, Krishna, Buddha und Jesus. Sie sind direkte Projektionen des Einheits-Bandes und erschienen zu verschiedenen Zeiten, um den Lauf der Dinge zu ändern, indem sie die Menschheit an ihre Einheit erinnerten. Wir gebrauchen auch den Namen *Sananda* für das Christus-Kollektiv.

Das Einheits-Band ist also eine Frequenz, und ihre harmonischen Unterschwingungen treten in allen Dimensionen auf. Wenn du dich auf diese Frequenz einstimmst, kennst du Einheit – sie ist einfach da, ohne Nachdenken oder Anstrengung. Wenn du dich auf die harmonischen Unterschwingungen einstimmst, ist das wie die Fahrt mit einem Aufzug – du erreichst das oberste Stockwerk schnell und direkt. Die Türen öffnen sich, und eine Welle der Liebe überflutet dich.

Sananda hat uns Wege gegeben, wie wir zum Aufzug kommen. Ich habe Sananda eingeladen, direkt mit dir zu sprechen.

„Ich bin Sananda. Ich komme zu dir von der Ebene, auf der du eins bist. Ich möchte dir helfen, diese Ebene und die Freude deiner höherfrequenten Aspekte zu erfahren. Doch zuerst ist es angebracht, einige Fehlinterpretationen richtigzustellen, die auf Sprache und Glauben früherer Zeiten beruhen.

So soll ich gesagt haben: ‚Niemand wird zum Vater kommen denn durch mich.' Dieser Aussage liegt in Wirklichkeit zugrunde, daß du dein wahres Wesen oder ICH-BIN-Selbst nur dann erfährst, wenn du dich auf die Frequenz des Einheits-Bandes einstellst, die ich aus meiner Energie erschaffe.

Ich soll auch gesagt haben: ‚Lasset die Kindlein zu mir kommen.' Auch diese Aussage ist falsch übersetzt. Gemeint ist vielmehr, daß du die Einheit nur

erfahren kannst, wenn du ohne Angst, Vorstellungs-
bilder und Urteile bist und nicht in der Vergangenheit oder Zukunft lebst, so wie es bei Kindern der
Fall ist. Sonst bleibt dir der Zugang zur Einheits-Erfahrung verwehrt.

Im Jahr 1988 geschahen mehrere Dinge auf dem
Planeten Erde, die nun die Einheits-Erfahrung direkt
möglich machen. Als erstes richtete ich den Aufzug
ein, den Serapis erwähnte und der bis hinab in die
unteren Ebenen reicht. Deshalb kannst du jetzt die
harmonischen Unterschwingungen meiner Energie
in deinem eigenen Feld wahrnehmen. Die Rezita-
tion der folgenden Anrufung wird dich auf meine
Frequenz einstimmen. Du kannst dann deine Wahrnehmung so ausrichten, daß sie stufenweise die
harmonischen Unterschwingungen dieser Frequenz
auf jeder der höheren Ebenen erreicht. Wenn du
schließlich zum Einheits-Band kommst, wirst du es
sofort bemerken: ein Gefühl des Friedens und Eins-
seins wird dich erfüllen.

Zweitens ist die Energie der Gnade auf diesem Planeten etabliert worden. Dies ist die Energie des Silbernen Strahls, des Strahls der Harmonie und des
Verschmelzens. Was immer du unternimmst, um die
Energiefrequenz deines persönlichen Feldes zu erhöhen, wird viel leichter vonstatten gehen, wenn du
die Gnade anrufst. Stell dir einfach einen leuchtenden Strahl silbernen Lichts vor, der in deine Felder
fließt und alle unerwünschte niedrigfrequente Energie wegwäscht. Er wird dich beruhigen, wenn du
aufgeregt bist, und dich beleben, wenn du müde bist.

Eine dritte bedeutende Änderung war die Aufhe-
bung der Kontinuität. Zuvor war die Geschichte der
Erde vom orangefarbenen Strahl geprägt, der im
Massenbewußtsein ein Bild der Wirklichkeit hervor-
rief, das für die Fortdauer des Spiels des Karmas und

des Status quo notwendig war. Der orangefarbene Strahl wurde Ende 1988 geläutert. Die alten feindseligen Muster auf der Erde hatten keine Grundlage mehr und begannen sich sofort aufzulösen.

Nun kann dich nichts mehr davon abhalten, dich so schnell, wie du möchtest, zu ändern.

Ich danke Serapis für diese Gelegenheit und grüße dich. In Liebe und Einheit. Ich bin Sananda."

Anrufung der Einheit

Die folgende Anrufung kann dir helfen, dich in das Einheits-Band einzuklinken.

> Ich bin ein Christus-Wesen; Ich bin eins mit dem GEIST.
> Ich bin ein Christus-Wesen; ich bin eins mit Allem-was-ist.
> Das Licht meines eigenen Wesens leuchtet auf meinem Weg.
> Ich bin ein Christus-Wesen; ich bin eins mit Allem-was-sein-wird.
> Ich trage das leuchtende Licht der Quelle in meinem Herzen.
> Ich gehe in Einheit mit dem Geist.
> Ich lache in Einheit mit dem Geist.
> Ich liebe in Einheit mit meinen Mitgeschöpfen.
> Ich bin Christus-Geist; ich bin eine Brücke zwischen Himmel und Erde.

Die Funktion, die du als Sananda kennst, hat einen „Bewußtseins-Aufzug" geschaffen – eine Reihe harmonischer Frequenzen, die sich durch alle Ebenen hindurchzieht. Machst du von dieser Frequenzreihe Gebrauch, kannst du Einheit erfahren. Sananda stellt sich gewöhnlich als ein sehr liebevolles und sanftes Wesen dar, damit sich dein Emotionalkörper leicht auf diese Funktion und die ihr zugrundeliegende Einheit einstellen kann. Obgleich sich GEIST in dieser Funktion als ein besonders liebevolles Wesen mitteilt, unterscheidet sich die Sananda-Funktion in dieser Hinsicht nicht von allen anderen Funktionen. Alle tragen die gleiche Liebe in sich.

Als der GEIST zum Beispiel die Funktion des historischen Christus, Buddha oder Krishna ausübte, drückte er die bedingungslose Liebe der Quelle durch diese Formen aus. Es waren menschliche Wesen wie du, doch sie hatten die unteren Felder so weit geklärt und vereinigt, daß sie die höherfrequente Energie der höheren Dimensionen aufnehmen konnten. Dies geschieht, wenn zwei Bedingungen erfüllt sind: Du liebst dich selbst ohne Einschränkung und weißt, daß du eins bist mit Allem-was-ist. Dann steht der bedingungslosen Liebe nichts im Wege. Lebst du in Einheit mit dem GEIST, dann bist du aus genau dem gleichen „Stoff" gemacht wie diese historischen Persönlichkeiten und übst die Sananda- oder Christus-Funktion aus.

Der historische Jesus war die Inkarnation eines Aufgestiegenen Meisters, dessen Felder so weit geklärt waren, daß sich die hochfrequente Energie des GEISTES (aus der Christus-Dimension) mit seinen Feldern verbinden und als Jesus die Sananda- oder Christus-Funktion auf der physischen Ebene ausüben konnte. Er war solch ein offener Kanal, daß der GEIST die Christus-Energie in seinen Feldern verkörpern konnte. Jeder, der sich Jesus näherte, wurde von dieser Energie überflutet und konnte sie durch Resonanz spüren.

Wessen Felder allerdings nicht nur Energie der Selbst-Liebe enthielten, sondern auch der Schuld und der Selbstvorwürfe, fühlte sich in der Gegenwart von Jesus sehr unbehaglich, obwohl die Energie des Einheits-Bandes absolut frei von jedem Urteil ist. Einerseits verstärkt die Christus-Energie die Selbst- und Nächstenliebe und erhöht ihre Frequenz noch weiter. Andererseits werden alle Energien offenbar, die nicht Selbst- und Nächstenliebe sind. Es tritt ein heftiger Ablösungsprozeß ein, und du kommst nicht umhin, diese Energien als Teil von dir anzuerkennen. Weigerst du dich, wirst du deinen Ärger und Haß, deine Bitterkeit und Angst auf einen Sündenbock abwälzen. Jesus diente natürlich als solch ein Sündenbock. Es ist traurig, aber wahr, daß Menschen angesichts der Einheit ihre Gefühle der Zwietracht auf die Quelle der Einheit projizieren. Deshalb wurde der biblische Jesus als jemand gesehen, der Zwietracht sät.

Es kann dir daher passieren, daß du bei deiner ersten Erfahrung der Energie des Einheits-Bandes das genaue Gegenteil von Einheit verspürst. Sei nicht beunruhigt, sondern schätze dich glücklich, daß du die Energie der Abtrennung in deinen Feldern zu spüren vermagst. Es sind Muster aus der Vergangenheit, die du jetzt eliminieren kannst.

Die folgende Technik kann dir dabei helfen:

Vereinige deine Felder und Chakren und verbinde dich mit deiner Geist-Funktion. Stell dir vor, daß dein Bewußtsein die physische Ebene im Aufzug verläßt. Sieh auf deiner Fahrt in die höheren Ebenen die Namen der Stockwerke aufblinken. Beende die Fahrt auf der Christus-Ebene. Wenn sich die Türen öffnen, laß dein Bewußtsein den Aufzug verlassen. Du wirst wahrscheinlich mehrere Menschen sehen, die du zum Teil kennst, zum Teil nicht. Es handelt sich um Projektionen der hochfrequenten Anteile ihres Geist-Selbst, die bereits die volle Einheit mit dir erfahren. Welche Gefühle rufen sie in dir wach? Kannst du die Einheit mit ihnen spüren oder fühlst du dich abgetrennt?

Begegnet dir jemand, von dem du dich getrennt fühlst, beginne ein Gespräch, das wie folgt ablaufen kann:

„Ich erkenne an, daß ich mich abgetrennt fühle. Ich bin ein Meister und schuf diese Erfahrung, um zu lernen. Nun kann ich sie nicht länger gebrauchen

und entlasse sie wieder ins Universum. Statt dessen will ich nun die Einheit erfahren. Ich kenne und fühle nun meine Einheit mit allem, was ist. Du (füge hier den Namen der Person ein) und ich sind GEIST, vereint und unzertrennlich."

Streife frei umher und begrüße alle, die du triffst. Wenn du möchtest, lade Sananda ein zu erscheinen. Du hast den Raum geschaffen, und du kannst jeden einladen, den du möchtest. Wenn du dich vollständig fühlst, gehe zum Aufzug und bringe dein Bewußtsein wieder in dein vereinigtes Feld zurück.

Dieses Gespräch ist auch sehr nützlich, wenn du eine Auseinandersetzung mit jemandem hast. Gibt es einen heftigen Disput mit einem Arbeitskollegen oder einen Konflikt mit deinem Ehepartner oder Kind, versuche diese Worte aus deinem Herz-Chakra in das Geist-Selbst der Person zu projizieren. Du weißt bereits, daß sie sich innerhalb deines vereinigten Feldes befindet und die Botschaft auf irgendeiner Ebene erhalten wird.

Erinnere dich, daß du jederzeit zurückkehren kannst. Und du wirst dich jedesmal etwas verändert haben. Du hast mein Wort.

10

LEBE DEIN GANZES POTENTIAL

Nach allem, was in diesem Buch gesagt wurde, sollte dir nun klar sein, wer du wirklich bist. Deine nächste Frage könnte sein: „Wie lebe ich dieses größere Selbst? Wie kann ich es *sein*?"

Das Wort „Enthusiasmus" stammt aus dem Griechischen und ist ursprünglich aus „en" und „theos" zusammengesetzt. Wörtlich bedeutet es also „in Gott". Alles, was dir enthusiastische Empfindungen beschert, ist im GEIST und macht dir Freude. Macht dir etwas keine Freude, ist es nicht im GEIST. Haßt du deine Arbeit oder fühlst du dich krank, dann frage dich, warum du dich darauf einläßt. Du bist im GEIST, wenn du Freude empfindest. Daher reicht es nicht zu wissen, was du über bestimmte Dinge denkst oder welche Gefühle von dir erwartet werden. Entscheidend ist, was du tatsächlich fühlst. Ohne physische, emotionale und geistige Klarheit läßt sich GEIST nicht vollkommen manifestieren.

Du wirst feststellen, daß deine Sinne sehr fein und vorausschauend werden. Du wirst intuitiv Dinge wissen, die sich dem gewöhnlichen Verstand entziehen. Du wirst wissen, welche Post der Briefträger bringt und wer dich anruft, wenn das Telefon klingelt. Vertraue dieser intuitiven Fähigkeit und gehe spielerisch mit ihr um.

Du wirst feststellen, daß du klarträumen kannst, das heißt, du weißt während des Träumens, daß du träumst. Dann kannst du wirklich anfangen zu spielen, denn Träume sind die Arena, in der du als GEIST die Wirklichkeit auf allen Ebenen erschaffst und beeinflußt. Du wirst auch die Ereignisse in deinem physischen Leben voraussehen und entscheiden, welche Erfahrungen du manifestieren willst. Denn genau wie jeder andere auf diesem Planeten erschaffst du deine Wirklichkeit des Wachzustandes zuerst im Traum. Es macht Spaß, diese heraufdämmernde Wirklichkeit zu beeinflussen, bevor sie Teil deines physischen Lebens wird.

Deine Fähigkeit, bestimmte Dinge und Menschen in deinem Leben zu manifestieren, wird schließlich so vollkommen werden, daß du nur etwas zu denken oder zu fühlen brauchst, und es wird geschehen. Deshalb ist es auch so wichtig, daß du emotionale und geistige Klarheit besitzt.

Du wirst in zahllosen kleinen Dingen, die dir begegnen, die Arbeit – oder besser gesagt das Spiel – des GEISTES wahrnehmen. (Natürlich hast du diese Dinge auch vorher schon gesehen, aber du hattest nicht genügend Abstand, um die Muster zu erkennen, die du auf der Ebene deines Geist-Selbst schufst.) Wenn du keine Angst hast, die den Fluß hemmt, kann der GEIST durch dich arbeiten, ohne auf Widerstand zu stoßen. Und ich spreche hier tatsächlich von GEIST, und nicht nur von deinem Geist-Selbst. Es geht um das ganze Reich des GEISTES, angefangen bei den Erzengeln bis zum Geist in deinen Haustieren und Zimmerpflanzen.

Falls Dinge in deinem Leben geschehen, die du so nicht möchtest, werden sie dir schnell auffallen, und du wirst fragen: „Wie dienen sie dem Aufstieg?" Hast du die Antwort gefunden, wird sich die Situation im allgemeinen schnell ändern.

Du wirst dich nicht länger abgetrennt, sondern als Teil des Universums fühlen. Gehst du zum Beispiel an einem Baum vorbei, wirst du die Energie der Devas wahrnehmen, und es wird ein Austausch zwischen euch stattfinden. Du wirst spüren, welche Magie darin liegt, lebendig und im Fluß zu sein. Ein Gefühl des Friedens und der Freude, das du vorher nur in der Meditation erfahren hast, wird dein ganzes Leben erfüllen. Jede Begegnung mit deinen Mitmenschen wird voller Liebe und Heilung sein. Du wirst mit jeder beliebigen nichtinkarnierten

Wesenheit in Kontakt treten können, um Informationen oder einfach liebevolle Energie auszutauschen. Ein Gefühl für Angemessenheit wird dich in allen Angelegenheiten leiten, und du wirst genau wissen, was du zu tun hast. Und wenn du dieses Buch beendet hast, wirst du es weitergeben, denn es kann dir nichts mehr mitteilen, was du nicht auch vom GEIST erfährst.

Doch zuvor laß uns noch einmal dein höherfrequentes Selbst genauer betrachten. Wir sahen bereits, daß unsere Mary Jones in Wirklichkeit Geist ist, der die Funktion „Mary Jones" ausübt. Diese Funktion existiert auf allen Bändern, die fortlaufend einen immer höheren Aspekt von Mary Jones repräsentieren. Wenn Mary all das sein will, was sie ist, wie kann sie herausfinden, was sie ist?

Das ist ganz einfach. Sie befragt sich selbst auf der jeweiligen Frequenz. Dies geschieht folgendermaßen:

Vereinige deine Chakren und bitte die geeignete Ebene deines GEISTES, mit den niedrigeren Ebenen zu verschmelzen (sie/du weißt, was kommt, deshalb weiß sie/du, was zu tun ist). Trefft euch in dem rosafarbenen Kristall, und bitte dich selbst, deiner bewußten Wahrnehmung zu zeigen, was sich auf diesen höheren Frequenzen abspielt. Du wirst Bilder sehen, Stimmen hören und ein intuitives Gespür dafür bekommen, was eine bestimmte Ebene des GEISTES tut, wenn sie diese Art von Funktion ausübt, über die wir gesprochen haben.

Es ist unmöglich vorherzusagen, was du sehen und erfahren wirst. Vielleicht wirst du sehen, daß du in einem großen Netz aus strahlenden Fäden zugange bist und neue Verbindungen knüpfst, während du Wahrscheinlichkeiten beurteilst und auswählst. Vielleicht bist du in einer Versammlung, in der über die Grundlage für einen neuen Planeten entschieden wird, oder du unterrichtest höhere Mathematik in einem kristallinen Gebäude, das von innen heraus leuchtet. Habe Vertrauen, daß es sich nicht um Einbildung handelt. GEIST ist tatsächlich mit all diesen Dingen beschäftigt – und du ebenso, ob du dir dessen bewußt bist oder nicht. (Soweit die Betrachtung, daß Geist etwas ist, was du „hast". Du lebst ein volles Leben auf diesen Ebenen, und es wäre richtiger zu sagen, daß dein Geist-Selbst etwas ist, was dich hat!)

Anfangs mag dir alles seltsam vorkommen. Du siehst dir zu und fragst dich vielleicht: „Woher wußte ich, daß diese Wahrscheinlichkeitslinie da hingehört? Und was bedeutet überhaupt Wahrscheinlichkeit?" Mach dir keine Gedanken. Je mehr Zeit du auf den höheren Ebenen verbringst, desto größer wird deine Fähigkeit werden, dich auf die Frequenz einzustellen, mit der du wahrnimmst, und Verstehen wird durch direktes Erkennen entstehen. Das kann ein paar Monate dauern, aber es wird dir gelingen, denn schließlich bist wirklich du es, der alles tut.

Dieser hochfrequente Teil von dir nimmt dich vielleicht auf eine Reise mit, die durch die verschiedenen Ebenen, zu anderen Planeten oder auch zu anderen Universen führt, wo ganz andere Regeln gelten. Jetzt liegt alles in deiner Hand. Du bist ein Meister, der seine Erfahrungen selbst bestimmt. Das Ende dieser abenteuerlichen Unternehmungen ist jedoch immer gleich. Du kehrst wieder zurück zu deinem physischen Feld, denn nur dein Bewußtsein hat sich auf die höheren Ebenen begeben. Aber das wird sich ändern. Wenden wir uns also nun dem Thema Aufstieg zu.

11

AUFSTIEG

Du hast deine physischen, emotionalen, mentalen und geistigen Felder ausgerichtet, so daß vollständige innere Resonanz zwischen ihnen herrscht und sie vereinigt sind, und hast in einem hohen Maße Resonanz mit den höheren Frequenzen des GEISTES erlangt. Daher ist jetzt die Zeit gekommen, ernsthaft mit dem Aufstieg zu beginnen. (Du bist schon die ganze Zeit mit dem Aufstieg beschäftigt gewesen, denn er ist ein Prozeß, nicht ein singuläres Ereignis.)

Wir haben bereits gesehen, daß Aufstieg den Prozeß der Frequenzerhöhung von all der Energie in deinen unteren Feldern – einschließlich der Zellen deines Körpers – darstellt. Diese unteren Felder enthalten dann keine Energie mehr, die auf den niedrigeren Ebenen schwingt. Deine tiefste Energiefrequenz – das heißt im Moment dein physischer Körper – befindet sich dann in der fünften Dimension. Andere Wesen in diesem Band können deine Energie deutlich wahrnehmen und dich auf telepathischem Wege hören. Auf der physischen Ebene bist du aber weder zu sehen noch zu hören. Deine Energie hat eine so hohe Frequenz, daß sie von der Netzhaut des Auges nicht erfaßt werden kann. Du kannst auch keine Töne produzieren, denn die Dichte der Luft macht es den Stimmbändern der fünften Dimension unmöglich zu schwingen. Du bist also „verschwunden", doch du kannst nach wie vor die physische Ebene auf unterschiedliche Weise beeinflussen.

Erstens kannst du ohne Schwierigkeiten deinen Lichtkörper in die physische Ebene projizieren. Zweitens

138

haben sich deine Freunde während deines Aufstiegs mit Channeln befaßt und können nun mit dir arbeiten und von der Weisheit profitieren, die du durch den Aufstieg erlangt hast. Da du noch kurze Zeit zuvor selbst auf der physischen Ebene gelebt hast und durch den Prozeß gegangen bist, hast du ideale Voraussetzungen, um anderen bei der Überwindung ihrer Schwierigkeiten auf dem Weg zu helfen, so wie auch du Unterstützung von anderen Wesen erfahren hast. Und allein die Tatsache, daß dir diese Frequenzverschiebung gelungen ist, wird vielen Mut und Zuversicht geben. Der Prozeß des planetarischen Aufstiegs wird dadurch exponentiell verlaufen, da jeder neue Aufgestiegene Meister vielen hundert anderen beim Aufstieg hilft.

Wenn du nicht damit beschäftigt bist, andere zu unterstützen, wirst du immer noch genug mit dir selbst zu tun haben. Der Aufstieg in die fünfte Dimension ist ein großer Schritt, doch bei weitem nicht das Ende. Dieses Buch ist allerdings nicht das geeignete Medium, um über das zu sprechen, was dich danach erwartet.

Auf welche Weise kannst du nun deine unteren Frequenzen in die fünfte Dimension bringen? Aufstieg beinhaltet ja die Erhöhung der Energiefrequenz, die deine Felder bildet. Diese Energie ist die Energie jenseits des elektromagnetischen Spektrums. Es ist die Energie, die durch die physikalische Barriere bricht und zur elektromagnetischen Strahlung und schließlich zu den subatomaren Teilchen oder Wellen wird – sie ist das Licht jenseits des Lichts.

Das Bewußtsein, das deine subatomare Struktur bildet, weiß dies bereits, und es ist auch für keinen Moment aus der bewußten Einheit mit der Quelle herausgefallen. Aber es hat eingewilligt, sich an die niederfrequenten Hüllen anzupassen, die deine Persönlichkeit formen. Daher ist nur erforderlich, die Frequenz deines zellulären Bewußtseins auf die gleiche Höhe zu bringen, und dein Körper wird nicht länger denken, daß er sterben muß. (Der Tod stand bislang am Ende all deiner Inkarnationen, daher kannst du es deinem armen Körper nicht verübeln, so zu denken.)

Du wandelst deine Energie um, indem du deine Absicht darauf richtest. Das ist alles. Wenn deine vier Felder ausgerichtet sind und die Überzeugung in sich tragen, daß etwas wahr ist, dann muß sich das Feld mit der niedrigsten Frequenz ändern, oder es wird die Ausrichtung auf die anderen verlieren. Also kannst du allein durch die Absicht die Energiefrequenzen in deinem physischen Feld Oktave für Oktave erhöhen. Du bist tatsächlich fähig dazu. Erinnere dich daran, daß du vor langer Zeit deine Frequenz ein paar Oktaven gesenkt hast, um in die Dichte des physischen Feldes eintreten zu können. Dies hat zugegebenermaßen eine lange Zeit erfordert, denn dein physischer Körper ist eine unglaublich leistungsfähige Chemieanlage, die – gesteuert von der DNS – Hormone und andere komplexe organische Verbindungen in genau den richtigen Mengen produziert. (Hast du dich jemals gefragt, wie dein Körper konstant seine Temperatur von 37 Grad Celsius aufrechterhält? Stell dir vor, welche Planung erforderlich war, um diese Körperfunktion einzurichten!) Es kostete natürlich immens viel Zeit, um die passenden Lösungen zu finden, und es gab viele Ansätze, die in eine Sackgasse führten. Mit dem Aufstieg verhält es sich aber anders, denn du und dein Körperbewußtsein wissen, wohin der Weg geht – dein Lichtkörper aus der fünften Dimension ist die Blaupause, und er existiert bereits! Du könntest den Aufstieg in diesem Moment bewerkstelligen, wenn du wolltest.

Sind deine Felder erst einmal ausgerichtet, wirst du fähig sein, deine Absicht so einzusetzen, daß du bewußt die Schwingungsrate deiner Zellstrukturen erhöhen kannst. Du kannst deine Absicht stärken, indem du visualisierst, wie Licht deine Zellen und DNS durchflutet und in deine Zellen Bilder von Zellen aus extrem hochfrequenter Energie einprägt. Dein Körper wird buchstäblich zu Licht werden, da deine Zellen diese hochfrequente Energie absorbieren und selbst Licht ausstrahlen werden.

Und zur gleichen Zeit bist du, der aufsteigen wird, bereits dort und genießt jeden Moment dieses Abenteuers. Du kannst deine bewußte Ankunft auf diesen Frequenzen durch Feldresonanz beschleunigen. Dein „Du in der fünften Dimension" möchte, daß du dich beeilst, denn er oder sie (oder es – du kannst dort ja in jeder Form erscheinen, wie du dich vielleicht erinnerst) benötigte weniger Zeit, um dort anzukommen, und hat dieses Dasein bereits zu schätzen gelernt. (Diese Bemerkung wendet sich an deinen Verstand; vom Standpunkt deines Selbst in der fünften Dimension aus verhält es sich natürlich anders.)

Es ist klar, daß die niedrigste Frequenz, die dein Selbst der fünften Dimension benutzt, nun zur fünften Dimension gehört. Du kannst dich leicht darauf einstimmen, indem du klar und absichtsvoll bist. Deine Felder werden dann in den Frequenzen der fünften Dimension schwingen, und sie werden an Wissen, Weisheit und Liebe zunehmen. Deine physischen, emotionalen und mentalen Felder werden in Harmonie mit deinem Selbst der fünften Dimension schwingen, und du wirst dich viel schneller in den gleichen freudigen Zustand erheben können.

Vereinige deine Chakren und lade dein Geist-Selbst der fünften Dimension ein, sich mit deinem Feld zu verbinden. Richte deine Absicht darauf, deiner bewußten Wahrnehmung zu zeigen, wie das Leben in der fünften Dimension aussieht, sei es durch Visionen, Gedanken, Empfindungen oder Intuition. Dann versuche, mit deinem Bewußtsein zur gleichen Zeit hier wie dort gegenwärtig zu sein. Experimentiere damit, mit deinem Fokus von der einen Wirklichkeit zur anderen zu wechseln. Trete völlig in die Wirklichkeit der fünften Dimension ein. Sei dort. Dein vereinigtes Feld wird mit der Energie der fünften Dimension resonieren, und die Energie deines physischen Feldes wird durch Resonanz mit den höheren Harmonien des Lichtkörpers der fünften Dimension emporgehoben werden. Dein Emotionalkörper wird mit der Liebe in deinem Feld der fünften Dimension resonieren, und dein Mentalkörper wird von der Weisheit deines Selbst der fünften Dimension überflutet werden. Diese Erfahrung wird dich zu einer vollkommen anderen Person machen. Sie wird dir eine Ahnung davon geben, wer du eigentlich bist und was du werden wirst.

Das kommt dir jetzt vielleicht etwas phantastisch vor, aber das macht nichts. Wenn du diese Stufe im Prozeß deines Aufstiegs erreicht hast, wird es ganz normal erscheinen. Ich beabsichtige nicht, den Prozeß des Aufstiegs selbst zu beschreiben. Ich könnte ein ganzes Buch über die Herstellung von Eiscreme verfassen, doch der letzte Satz würde einfach lauten: „Iß es!" Du wirst Bescheid wissen, wenn du dort angekommen bist. Und ich werde auf dich warten.

12

LEBEN NACH DEM AUFSTIEG

Da du dieses Buch bis hierher gelesen hast, bist du offensichtlich an dem Prozeß interessiert und möchtest wissen, wohin er führt. (Vielleicht wurdest du aber auch einfach neugierig, hast die anderen Kapitel überschlagen und dich gleich dieser Stelle zugewandt.) In diesem letzten Kapitel gebe ich dir einen kleinen Einblick in das, was dich nach dem Aufstieg erwartet. Erinnere dich daran, daß sich ein Teil von dir bereits in der fünften Dimension befindet – und der Rest wird bald folgen.

Leben in der fünften Dimension ist ganz anders als deine jetzige Erfahrung, die stark von Raum, Zeit, Hindernissen und Begrenzungen geprägt ist. Stell dir vor, sie wären nicht da. Wie wäre deine Erfahrung dann?

Im Lichtkörper weißt du, wer du wirklich bist: ein reines liebendes Wesen, das Teil der Quelle und eins mit allen anderen Wesen ist. Doch du bist immer noch genügend individualisiert, um zu einem anderen Wesen sagen zu können: „Wir sind beide die Quelle." (Auf noch höheren Frequenzen sind Konzepte wie „wir" und „beide" bedeutungslos.)

Du nimmst deine verschiedenen Inkarnationen parallel wahr, weißt, was du in jeder Inkarnation lernst und welch kühnes Unterfangen sie darstellt, durch das die Quelle mehr über sich selbst lernt. Als GEIST sendest du automatisch alles, was du gelernt hast, auf allen Frequenzbändern aus, so daß deine Entdeckungen allgemein verfügbar sind. Deshalb ist jedes noch so kleine

143

Detail deines Lebens so wichtig: Du bist ein Entdecker und Erforscher für das ganze Universum.

Du bist ein Meister des Erschaffens. Deine Gedanken werden sofort umgesetzt und erscheinen als Objekte, Musik, Kunst usw., an denen sich die anderen Wesen auf der fünften Dimension erfreuen. Die Strukturen, Farben, Töne und Materialien, die dir zur Verfügung stehen, sind unbegrenzt. Wenn du musikalische Neigungen hast, kannst du beispielsweise eine Orgel erschaffen, deren Tonumfang und Wohlklang keine irdische Orgel erreicht. Dies liegt daran, daß Töne in der fünften Dimension nicht durch Luftbewegung erzeugt werden, sondern direkt durch deine Gedanken und Gefühle.

Wenn du künstlerische Neigungen hast, brauchst du keine Farbpigmente, die Licht absorbieren oder reflektieren. Du kannst mit Licht selbst malen und deine Visionen direkt dem multidimensionalen Raum einprägen, den du schaffst.

Als Mathematiker kannst du eine algebraische Gleichung in einen Raum projizieren, den du aus so vielen Dimensionen erschaffen hast, wie notwendig sind. Geometrie wird unmittelbar erfahrbar für dich, indem du komplexe Gebilde als Klänge und Farben ausdrückst.

Du erschaffst dir deinen eigenen „Wohnort" als Treffpunkt für deine Freunde aus der fünften Dimension. Es ist ein Ort, der genauso real ist wie dein Heim auf der physischen Ebene. Der einzige Unterschied ist, daß ein Gedanke genügt, um ihm ein ganz neues Aussehen zu verleihen.

Das Ausprobieren von ganz verschiedenen Körpertypen wird dir eine Menge Spaß bereiten. In der fünften Dimension ist dein Körper eine reine Gedankenprojektion und doch ebenso real wie dein physischer Körper jetzt. Du kannst zum Beispiel den Körper aus einer deiner bevorzugten Inkarnationen projizieren und damit unvergleichlich besseren Sex erleben als in deinem physischen Körper. Du kannst auch deine Freunde damit überraschen, daß du die Gestalt einer Riesenkrake annimmst und ihnen mit deinen achtzehn Tentakeln zuwinkst. Oder du schockierst sie mit dem Knurren eines Tigers oder beeindruckst sie als der Berg Kilimandscharo.

Du kannst alles tun, was du willst und dir Spaß macht. Der bedeutendste Unterschied ist, daß du frei bist von allen auf Angst beruhenden Frequenzen und deshalb die reine bedingungslose Liebe der Quelle ausdrücken kannst. Es gibt keine Barriere zwischen dir und der Quelle, und ich kann unmöglich beschreiben, wie ekstatisch dieser Zustand ist. Du kannst den GEIST bitten, dir während der Meditation einen Vorgeschmack zu geben, aber das wäre wie vor einem guten Restaurant zu stehen und das Essen zu riechen.

Du fragst dich vielleicht, ob du mit dem Aufstieg die physische Ebene ganz verläßt. Die Antwort ist nein. Es ist richtig, daß sich dann die niedrigste Frequenz deines Wesens auf der fünften Dimension befindet und daher für alle auf der physischen Ebene unsichtbar ist. Du kannst jedoch willentlich einen sichtbaren Lichtkörper projizieren. Er ist ein bißchen ätherischer als ein physischer Körper und verbreitet ein Leuchten. (Dies wird dir immer zu einem Sitzplatz in öffentlichen Verkehrsmitteln verhelfen.) Du kannst den Körper deiner jetzigen Inkarnation projizieren, doch wenn du schon immer mal „Marie Antoinette" sein wolltest...! Dein volles Bewußtsein aus der fünften Dimension ist mit diesem Lichtkörper verbunden, und du hast vielleicht Lust, einen Vortrag zu geben, dich mit alten Freunden zu treffen oder einen Tag auf einem Kongreß zu verbringen. Du wirst weise genug sein, das Angemessene zu tun – schließlich bist du ein Aufgestiegener Meister.

SCHLUSSBEMERKUNG

Ich habe erwähnt, daß es kein isoliertes Ereignis in deinem Leben gibt. Alles, was geschieht, ist Teil eines viel größeren Prozesses, der sich von den höheren Dimensionen bis in die physische Ebene erstreckt. Aufstieg ist auch kein Ereignis, sondern ein umfassender Prozeß, der bereits mit der ursprünglichen Verdichtung seinen Anfang nahm. Planetarischer Aufstieg war von dem Moment an unvermeidlich, als du in den verschiedenen Schöpfungs-Ratsversammlungen von diesem wunderbaren Experiment erfuhrst, das du den Planeten Erde nennst. Nur der Zeitplan war nicht fixiert. Doch bereits damals entwarf der GEIST, im unendlichen JETZT, Pläne für die letzte Phase vor dem Aufstieg und sondierte Wahrscheinlichkeiten. Das Ergebnis werden wir bald sehen. Alle Wahrscheinlichkeitslinien deuten darauf hin, daß der planetarische Aufstieg in den nächsten paar Jahren stattfinden wird.

Du kannst dir selbst und dem Planeten helfen, indem du deinen eigenen Aufstieg beschleunigst und nicht bis zum letzten Moment abwartest. Nimm dir das (buchstäblich) zu Herzen und beginne deinen persönlichen Aufstieg jetzt. Wir stehen dir zur Seite.

Ich bin Serapis

ANHANG

EIN WERKZEUGKASTEN FÜR DEN AUFSTIEG

Dieser Anhang stellt einige unverzichtbare Werkzeuge für den Lichtarbeiter vor. Sie sind ein Geschenk von Erzengel Ariel und wurden durch Tachi-ren mitgeteilt.

1. Das Prinzip des Bittens

Es gibt ein kosmisches Gesetz, nach dem ein Wesen aus einer höheren Dimension dir nur dann beistehen und helfen kann, wenn du darum bittest. Gewöhne dir deshalb an, nach Beistand, Informationen und Führung zu fragen.

2. Segne und mache weiter!

Gnade ist eine göttliche Kraft, mit deren Hilfe wir uns in jedem gegebenen Moment vollkommen von der Vergangenheit freimachen und ganz von neuem beginnen können. Gnaden-Elohim ist die Trägerin der Energien von göttlicher Freude, Verzeihen und Dankbarkeit. Sie sieht aus wie funkelnder Schnee und steht dir sofort bei, wenn du sie darum bittest. Da es ein kosmisches Gesetz gibt, daß sich das Universum entsprechend dem Bild anordnet, das du dir von der Wirklichkeit machst, empfehlen wir dir, nicht an Problemen zu arbeiten, sondern „alles zu segnen und weiterzumachen".

3. Anrufung des Lichts

Ich lebe im Licht.
Ich liebe im Licht.
Ich lache im Licht.
Ich werde getragen und genährt von Licht.
Ich diene voll Freude dem Licht.
Ich BIN Licht. Ich BIN Licht. Ich BIN. Ich BIN. Ich BIN.

4. Anrufung des Wassers

Ich nehme das Wasser des Lebens
und erkläre es zum Wasser des Lichts.
Ich führe es meinem Körper zu,
damit es ihn zum Leuchten bringt.
Ich nehme das Wasser des Lebens
und erkläre es zum Wasser Gottes.
Ich BIN ein Meister in allem, was ich BIN.

5. Die violette Flamme

Saint Germain, der Herr des violetten Strahls, bietet dir die violette Flamme der Transmutation an, mit deren Hilfe du niederfrequente Energie aus deinen Energiefeldern entfernen kannst. Gebrauche sie, wenn du Verdichtungen jeder Art eliminieren willst oder niederfrequente Energie in deiner Umgebung erfährst. Wende sie bei Bedarf mehrmals täglich an.

Wenn du die violette Flamme der Transmutation für dich selbst anwendest, dann visualisiere sie und füge den silbernen Strahl der Gnade hinzu, so daß die Flamme in einem wunderbaren Violett leuchtet. Dann sieh, wie ihr Licht in deinen physischen Körper fließt und jede Zelle erfüllt. Dann leite es nacheinander durch deinen emotionalen, mentalen und spirituellen Körper.

Willst du einen Raum, zum Beispiel dein Büro oder deine Wohnung reinigen, dann stell dir vor, wie die violette Flamme vom Fußboden aufsteigt und alle niederfrequente Energie verzehrt. Achte besonders darauf, dein Bett nach dem Aufstehen zu reinigen.

6. Spirituelle Hygiene

Benutze Meersalz und die violette Flamme zusammen mit dem Strahl der Gnade, um deine Felder zu reinigen. Füge deinem Badewasser Meersalz zu und rufe die Strahlen hinein. Wasche deine Kleider und Bettbezüge mit einer Handvoll Meersalz, um Energieablagerungen zu entfernen. Da die meisten Klärungsprozesse im Schlaf ablaufen, rufe beim Bettenmachen die obengenannten Strahlen, damit sie die alten Energien umwandeln. Du wirst dich danach weitaus besser fühlen.

7. Erdung

Falls sich dein Lichtkörper auf einer viel höheren Ebene als der des Planeten befindet, wirst du den traditionellen Weg, sich auf dem Planeten zu erden, als sehr unangenehm empfinden. Daher versuche, statt dessen in deinem Geist-Selbst verankert zu sein. Stell dir eine dicke Linie aus Licht vor, die an deinem Omega-Chakra beginnt und sich durch die Wirbelsäule bis zum elften Chakra erstreckt. Bist du in der endlosen Weite des GEISTES verankert, kann dir der GEIST Stabilität verleihen.

8. Tönen

Tönen* ist eine Technologie und Sprache für die multidimensionale Übertragung von Licht, Farbe, Bewegung und geometrischen Mustern. Tönen löst Störfelder auf, verwandelt Karma aus vielen Leben, erzeugt neue Muster und fühlt sich einfach gut an.

---

* engl. toning, Töne erzeugen, z.B. „Om" singen.

9. Anrufung des vereinigten Chakras

Mit dieser Invokation kannst du dich zentrieren, bevor du die anderen Werkzeuge für den Aufstieg anwendest oder irgendeine Aktivität ausführst, die in Verbindung mit dem GEIST steht. Eine Vereinigung bis zum zehnten Chakra genügt oft, doch gelegentlich willst du vielleicht auch eine Vereinigung bis zum zwölften Chakra durchführen und die Christus-Überseele in deine Felder einladen. Beachte besonders, daß du dein Alpha- und Omega-Chakra öffnest.

Ich atme Licht durch das Zentrum meines Herzens ein und öffne es zu einer wunderschönen Lichtkugel.
Ich lasse zu, daß ich mich ausweite.

Ich atme Licht ein durch das Zentrum meines Herzens und erlaube, daß es sich ausdehnt. Es dehnt sich durch mein Halschakra und mein Solarplexus-Chakra aus und schafft ein vereinigtes Feld aus Licht
in meinem Körper, durch meine Körper und um meine Körper herum.

Ich atme Licht durch das Zentrum meines Herzens ein und erlaube, daß es sich ausdehnt. Es dehnt sich durch mein Stirnchakra und mein Nabelchakra aus und schafft ein vereinigtes Feld aus Licht
in meinem Körper, durch meine Körper und um meine Körper herum.

Ich atme Licht durch das Zentrum meines Herzens ein und erlaube, daß es sich ausdehnt. Es dehnt sich durch mein Kronenchakra und mein Basischakra aus und schafft ein vereinigtes Feld aus Licht
in meinem Körper, durch meine Körper und um meine Körper herum.

Ich atme Licht durch das Zentrum meines Herzens ein und erlaube, daß es sich ausdehnt. Es dehnt sich durch das Alpha-Chakra über meinem Kopf und das

Omega-Chakra unterhalb meiner Wirbelsäule aus und schafft ein vereinigtes Feld aus Licht
in meinem Körper, durch meine Körper und um meine Körper herum.
Ich erlaube der Welle von Metatron, zwischen ihnen zu resonieren.
ICH BIN eine Einheit des Lichts.

Ich atme Licht durch das Zentrum meines Herzens ein und erlaube, daß es sich ausdehnt. Es dehnt sich durch mein achtes Chakra über meinem Kopf und meine Oberschenkel aus und schafft ein vereinigtes Feld aus Licht
in meinem Körper, durch meine Körper und um meine Körper herum.
Ich erlaube meinem Emotionalkörper, mit meinem physischen Körper zu verschmelzen.
ICH BIN eine Einheit des Lichts.

Ich atme Licht durch das Zentrum meines Herzens ein und erlaube, daß es sich ausdehnt. Es dehnt sich durch mein neuntes Chakra über meinem Kopf und meine Waden aus und schafft ein vereinigtes Feld aus Licht
in meinem Körper, durch meine Körper und um meine Körper herum.
Ich erlaube meinem Mentalkörper, mit meinem physischen Körper zu verschmelzen.
ICH BIN eine Einheit des Lichts.

Ich atme Licht durch das Zentrum meines Herzens ein und erlaube, daß es sich ausdehnt. Es dehnt sich aus durch mein zehntes Chakra über meinem Kopf und bis unter meine Füße und schafft ein vereinigtes Feld aus Licht
in meinem Körper, durch meine Körper und um meine Körper herum.
Ich erlaube meinem spirituellen Körper, mit meinem physischen Körper zu verschmelzen.
ICH BIN eine Einheit des Lichts.

*Ich atme Licht durch das Zentrum meines Herzens ein
und erlaube, daß es sich ausdehnt. Es dehnt sich durch
mein elftes Chakra über meinem Kopf und bis unter meine Füße aus und schafft ein vereinigtes Feld aus Licht
in meinem Körper, durch meine Körper und um meine
Körper herum.
Ich erlaube meiner Überseele, mit meinem physischen
Körper zu verschmelzen.
ICH BIN eine Einheit des Lichts.*

*Ich atme Licht durch das Zentrum meines Herzens ein
und erlaube, daß es sich ausdehnt. Es dehnt sich
durch mein zwölftes Chakra über meinem Kopf und
bis unter meine Füße aus und schafft ein vereinigtes
Feld aus Licht
in meinem Körper, durch meine Körper und um meine Körper herum.
Ich erlaube der Christus-Überseele, mit meinem physischen Körper zu verschmelzen.
ICH BIN eins mit dem Licht.*

*Ich atme Licht durch das Zentrum meines Herzens ein
und bitte die höchste Ebene meines Geistes, durch
dieses Zentrum meines Herzens zu strahlen und dieses vereinigte Feld völlig auszufüllen.
Ich strahle an diesem heutigen Tage.
ICH BIN eins mit dem Licht.*

10. Schutz

Du kannst den folgenden Prozeß anwenden, um zu
verhindern, daß schädliche Energien in deine Felder
eindringen. Führe ihn morgens und abends und
immer dann durch, wenn du besonderen Schutz
brauchst, etwa bei der Arbeit oder beim Autofahren.

➤ Vereinige zuerst deine Chakren und schaffe das
vereinigte Feld. Dann überziehe die Außenseite des
Feldes mit einem Goldgeflecht. Drücke die Absicht

aus, daß das Goldgeflecht nur Liebe und Licht herein- und hinauslassen wird.

➤ Rufe die Legionen Michaels, dann die Engel der Zerstörung und schließlich den Kreis des Schutzes* und bitte sie, ein dreifaches Gitternetz als Schutz um dich, deine Wohnung oder dein Büro zu legen.

➤ Bitte die Engel der Zerstörung, alle schädlichen Energien aus deinen Feldern herauszuziehen.

11. Synchronisieren

Deine verschiedenen Energiekörper rotieren mit einer ganz bestimmten Geschwindigkeit. Ihre Drehgeschwindigkeiten stehen normalerweise in einem harmonischen Verhältnis zueinander. Beginnt eines deiner Felder, sich von seiner normalen Drehgeschwindigkeit zu entfernen, kann das dazu führen, daß du dich schwindlig fühlst.

Vereinige deine ersten zehn Chakren und versuche nacheinander, die Drehgeschwindigkeit jedes einzelnen Feldes zu erspüren. Das eine oder andere mag sich vielleicht zu schnell, zu langsam oder irgendwie nicht richtig anfühlen. Setze deine Absicht um und verändere damit die Geschwindigkeit dieser Felder, bis du fühlst, daß alle Felder wieder synchron sind. Falls es dir nicht gelingt, bitte den GEIST, dies für dich zu erledigen.

(Natürlich haben Schwindelgefühle viele Ursachen. Daher betrachte diese Ausführungen nicht als medizinischen Rat und suche einen Arzt auf, falls die Schwindelgefühle andauern.)

12. „Geister jagen"

Fühlst du irgendeine Form von Widerstand, Angst, Ärger, Bedürftigkeit, Verlangen, Besessenheit oder

---

* engl.: Circle Security, Gruppe nichtinkarnierter Wesen, deren Hauptaufgabe Schutz ist.

153

Sucht, besonders wenn du versuchst, mit dem Geist zu arbeiten? Dann hast du wahrscheinlich „Geister". Das sind astrale Wesenheiten, die sich in dir breitgemacht haben, weil sie von deinem Licht angelockt wurden oder weil du sie vor langer Zeit eingeladen hast, dich begrenzt und menschlich zu halten.

Willst du sie jetzt loswerden, rufe deine Freunde, die sich in der fünften Dimension und jenseits davon befinden, zum Beispiel die Erzengel Ariel, Azrael und Arukiri, Polaria, Lord Michael oder wen immer du möchtest. Bitte Lord Michael, dir eine Lichtröhre aus der fünften Dimension zu senden, und stelle dir vor, wie diese Lichtröhre deine Energiekörper umgibt. Dann sprich:

„Ich löse alle bewußten oder unbewußten Vereinbarungen, die ich mit irgendeiner Form von schädlicher Energie oder astraler Wesenheit getroffen habe. Bitte geht ins Licht. Jetzt!"

Sei humorvoll; stelle die Wesenheiten zum Beispiel auf Rollschuhe oder gib ihnen eine Abschiedsparty. Du hilfst einem Bruder oder einer Schwester, wieder nach Hause zu kommen.

Bedanke dich bei den Wesenheiten, daß sie dich begrenzt gehalten haben, doch sage ihnen, daß Begrenzungen für dich nicht länger angemessen sind. Dann bitte sie, die Lichtröhre hinaufzugehen. Sei klar und eindeutig. Begegnet dir Widerstand, dann verlange von der Wesenheit, sich vor dich hinzustellen und dir zu sagen, was sie von dir will. Vielleicht will sie Anerkennung oder eine Bestätigung, daß sie ihre Aufgabe gut erfüllt hat. Drücke immer entschiedener aus, daß sie gehen muß. Du kannst auch laut schreien, falls es nötig ist. Spüre deine Energiekörper. Fühlen sie sich überall leichter an, oder gibt es noch eine Schwere oder einen Schmerz an bestimmten Stellen? Falls dies der Fall ist, suche einen Energie-Arbeiter auf, der Erfahrungen mit dieser Arbeit hat*.

Wenn du dich überall leichter fühlst, beginne mit dem Tönen. Dies wird die letzte verbliebene Energie lösen und sie auf den Weg in die fünfte Dimension bringen.

13. Channeln

Wir empfehlen jedem, das Channeln zu erlernen. Dadurch erhältst du deine eigenen multidimensionalen Informationen, bleibst ständig in Kontakt mit einer größeren Perspektive und wirst unabhängig von jeder äußeren Autorität. Außerdem ist Channeln ekstatisch und macht großen Spaß.

14. Überbewußtheit

Diese Technik wurde von Earth Mission** gegeben. Mit ihr lassen sich Wirklichkeitsbilder sehr wirksam ändern.

„Überbewußtheit, bitte manifestiere durch Gnadenkraft die höchsten Möglichkeit des neuen Wirklichkeitsbildes [gib hier das neue Wirklichkeitsbild an, das du aufnehmen möchtest], so daß sich dessen Kraft in meiner Erfahrung niederschlagen kann. Laß dies so sein durch die Kraft der Gnade und das Dekret des Sieges!"

15. Die große Anrufung

**Aus dem Quell des Lichts im Denken Gottes
Ströme Licht herab ins Menschendenken.
Es werde Licht auf Erden!**

---

* z.B. Arbeit nach der Marinho-Methode
** eine Gruppierung spiritueller Menschen in Arizona

Aus dem Quell der Liebe im Herzen Gottes
Ströme Liebe aus in alle Menschenherzen.
Möge Christus wiederkommen auf Erden!

Aus dem Zentrum, das den Willen Gottes kennt,
lenke plan-beseelte Kraft
die kleinen Menschenwillen
zu dem Endziel, dem die Meister
wissend dienen!

Durch das Zentrum, das wir Menschheit
nennen,
entfalte sich der Plan der Liebe und des Lichtes
und siegle zu die Tür zum Übel.

Mögen Licht und Liebe und Kraft
den Plan auf Erden wieder herstellen.

16. Kommentar zur großen Anrufung

Die große Anrufung ist ein vielschichtiges Mittel, das die individuelle Seele mit der ICH-BIN-Gegenwart verknüpft. Ihre drei Ebenen wirken im Reich des Lichts, der Liebe und des Willens. Die große Anrufung enthält eine Reihe verschlüsselter Anrufungen, die im folgenden erläutert werden:

Aus dem Quell des Lichts im Denken Gottes
Ströme Licht herab ins Menschendenken.
Es werde Licht auf Erden!

Das Licht der Wahrheit öffnet den menschlichen Geist für sein eigenes göttliches Selbst. Die Suche des Menschen nach seiner wahren Natur beginnt gewöhnlich mit Fragen, die in seinem Geist auftauchen. Diese Bitte ist ein Aufruf an die göttliche Wahrheit, in den menschlichen Geist einzuströmen, so daß er seine Identität mit der Quelle zu erkennen vermag. Die „Herabkunft des Lichts" bewirkt, daß der Mensch mit seiner Überseele verbunden wird.

**Aus dem Quell der Liebe im Herzen Gottes
Ströme Liebe aus in alle Menschenherzen.
Möge Christus wiederkommen auf Erden!**

Diese Bitte schafft eine Öffnung im Herzen, durch die Mitgefühl und Verständnis ausgedrückt werden kann. Der Strom der Liebe verbindet das menschliche Herz mit der Christus-Überseele. „Möge Christus wiederkommen auf Erden" verbindet den Menschen mit dem Einheits-Band oder Christus-Bewußtsein.

**Aus dem Zentrum, das den Willen Gottes kennt,
lenke plan-beseelte Kraft
die kleinen Menschenwillen
zu dem Endziel, dem die Meister
wissend dienen!**

Diese Bitte läßt einen zum Diener des Göttlichen werden. Wenn der menschliche Wille mit dem göttlichen Willen vereint ist, wird man zum göttlichen Werkzeug. Ein göttliches Werkzeug zu werden, ist „zu dem Endziel, dem die Meister wissend dienen". Der Begriff „Meister" bezieht sich nicht nur auf Aufgestiegene Meister, sondern auf alle, die zu ihrer Meisterschaft gefunden haben. Die Meisterschaft gefunden zu haben, verbindet einen mit seiner ICH-BIN-Gegenwart.

**Durch das Zentrum, das wir Menschheit nennen,
entfalte sich der Plan der Liebe und des Lichtes
und siegle zu die Tür zum Übel.**

Der „Plan der Liebe und des Lichtes" bezieht sich auf den Aufstieg. „Und siegle zu die Tür zum Übel" meint das Zerreißen des Schleiers der Trennung.

157

Nur das Gefühl des Getrenntseins führt zur Illusion des Bösen. Wenn jeder den Schleier der Trennung zerrissen hat, wird die Illusion des Bösen gebannt und der Plan erfolgreich sein.

**Mögen Licht und Liebe und Kraft
den Plan auf Erden wiederherstellen.**

Dies ist eine abschließende Anrufung von Wahrheit, Liebe und Kraft im Prozeß des Aufstiegs.

ÜBER DEN AUTOR

Tony Stubbs wurde 1947 in England geboren. Nachdem er in Elektrotechnik graduiert hatte, arbeitete er in der britischen Telekommunikations-Industrie. 1979 emigrierte er in die USA. 1980 kam er in Kontakt mit den von Jane Roberts gechannelten Seth-Büchern, die sein Leben verändern sollten. Neben seiner Karriere in der Computerbranche und dem Desktop-Publishing stürzte sich Tony in das Studium der Metaphysik.

1989 begann Tony selbst zu channeln, und bald verkündete der Aufgestiegene Meister Serapis, daß sie ein Buch zusammen schreiben würden. Es dauerte nur drei Wochen, bis das Handbuch für den Aufstieg fertig war. Von Oughten House veröffentlicht, wurde es bald zu einem Bestseller.

Nach einer Zeit in Mexiko zog Tony nach Denver, Colorado, und eröffnete eine Computer-Schule. Danach machte er sich mit einer Desktop-Publishing-Firma selbständig, unterrichtete weiterhin Computeranwendung an Schulen in Denver und war in der spirituellen Gemeinde sehr aktiv.

Seit 1996 ist Tony Stubbs Director of Operation und Cheflektor bei Oughten House. Außerdem ist er für das Verlagsprogramm zuständig und hilft vielversprechenden esoterischen Autoren beim Veröffentlichen ihrer Bücher.

Edition Sternenprinz

Edwin Courtenay
Rituale und Gebete der Aufgestiegenen Meister

Blockaden lösen mit der Kraft unseres Willens, und ein wenig Hilfe vom Universum. Aufgestiegene Meister geben Lebenshilfe.

Mit 13 farbigen Symbolkarten
128 Seiten, gebunden
€ (D) 15,90; SFr 27,40

Edwin Courtenay
Reflexionen – Die Meister erinnern sich

Ein berührendes Buch, in dem die Aufgestiegenen Meister von ihren Erdenleben berichten. Ihre Lernthemen spiegeln sich auch in unseren Leben wider und können Anregungen für unseren Weg bieten.

128 Seiten, gebunden
€ (D) 14,90; SFr 25,80

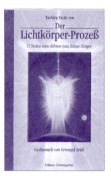

Tashira Tachi-ren
Der Lichtkörper-Prozeß

„Die beste Erklärung des Lichtkörper-Prozesses, und sie kommt direkt von Erzengel Ariel. Eine Pflichtlektüre für jeden Lichtarbeiter."
Tony Stubbs

128 Seiten, gebunden
€ (D) 14,90; SFr 25,80

Diana Cooper
Dein Aufstieg ins Licht

Schlüssel zur Entfaltung deines Meisterpotentials

Dieses Buch gibt Ihnen alles, was Sie brauchen, um Ihre höchsten Ziele erreichen zu können. Die vielen Fallbeispiele machen es zu einem einzigartigen Handbuch für praktizierende Lichtarbeiter.

170 Seiten, gebunden
€ (D) 15,90; SFr 27,40

Anne Brewer
Zwölfstrang-DNS

Anne Brewer beschreibt erstmals die Neuordnung der DNS sowie die notwendigen Rituale und Klärungsübungen, mit denen wir wieder Zugang zu zwölf statt nur zu zwei Ebenen der Information bekommen.

240 Seiten, gebunden
€ (D) 17,90; SFr 31,-

Anne Brewer
Schöpferische Macht

Erschaffe die Welt, wie sie dir gefällt: Begrenzende Glaubenssätze und Blockaden auflösen, die eigenen wahren Wünsche erkennen und durch die Kraft des Lichtes erfüllen.

244 Seiten, gebunden
€ (D) 17,90; SFr 31,-

Weitere Informationen zu Lichtkörper-Essenzen u.v.m. bei:
Edition Sternenprinz, Postfach 228, D-79002 Freiburg